中等职业学校财经商贸类专业课程改革教材

财经法规与会计职业道德

韩　菲　主编

高等教育出版社

内容提要

本书是中等职业学校财经商贸类专业课程改革教材，是按照财政部颁布的会计从业人员资格考试《财经法规与会计职业道德考试大纲》的要求编写而成的。全书分4个单元12个主题，主要包括：会计工作的规则、会计工作的管理、会计工作的细则、支付结算、银行结算账户、票据结算、税务管理、税款征收、会计职业道德、会计职业道德规范、会计职业道德教育、综合治理等。每个主题均设计了案例评析、相关知识、适时穿插和自我测试四个栏目，言简意赅，内容丰富，图文并茂，使学生在感悟和思考中领会会计工作的重要性。

本书既可作为中等职业学校财经类专业"财经法规和会计职业道德"课程的教学用书，也可作为会计从业人员资格考试培训用书，还可作为在职人员财经岗位培训教材。

图书在版编目(CIP)数据

财经法规与会计职业道德/韩菲主编.—北京：高等教育出版社，2007.6(2011.5重印)

ISBN 978-7-04-021094-1

Ⅰ.财… Ⅱ.韩… Ⅲ.①财政法-中国-会计-资格考核-自学参考资料②经济法-中国-会计-资格考核-自学参考资料③会计人员-职业道德-资格考核-自学参考资料 Ⅳ.D922.2 F233

中国版本图书馆CIP数据核字(2007)第068463号

策划编辑 陈伟清 责任编辑 陈瑞清 封面设计 于 涛
版式设计 陆瑞红 责任校对 张 颖 责任印制 张福涛

出版发行	高等教育出版社	咨询电话	400-810-0598
社 址	北京市西城区德外大街4号	网 址	http://www.hep.edu.cn
邮政编码	100120		http://www.hep.com.cn
印 刷	北京七色印务有限公司	网上订购	http://www.landraco.com
开 本	787×1092 1/16		http://www.landraco.com.cn
印 张	8.75	版 次	2007年6月第1版
字 数	200 000	印 次	2011年5月第9次印刷
购书热线	010-58581118	定 价	14.50元

本书如有缺页、倒页、脱页等质量问题，请到所购图书销售部门联系调换。

物料号 21094-A0

前　言

会计是市场经济活动的一个重要组成部分，会计工作者除必须将本职工作置于会计法律制度、支付结算法律制度和税收征收管理法律制度的约束与规范之下外，还必须具备与其职能相适应的职业道德。市场经济越发展，会计在社会经济生活中的地位就越高，对会计工作人员职业道德水准的要求也就越高。作为会计专业学生，在走上会计工作岗位之前，必须了解财经法规的内容，熟知会计职业道德的基本要求。为了认真贯彻党的教育方针，根据我国《会计法》中关于“会计人员应当遵守职业道德，提高业务素质，对会计人员的教育和培训应当加强”的要求，我们依据财政部颁布的会计从业人员资格考试中《财经法规与会计职业道德考试大纲》的要求，组织编写了本书。

本书力求体现“以就业为导向”的职业教育理念，全书分4个单元12个主题，主要包括：会计工作的规则、会计工作的管理、会计工作的细则、支付结算、银行结算账户、票据结算、税务管理、税款征收、会计职业道德、会计职业道德规范、会计职业道德教育、综合治理等。每个主题均设计了案例评析、相关知识、适时穿插和自我测试四个栏目，言简意赅，内容丰富，图文并茂，使学生在感悟和思考中领会会计工作的重要性。注重职业素养的培养，培养学生诚实、遵纪守法、敬业爱岗的素质。本书以会计从业人员资格为标准，结合中职学生学习特点编写。本书具有以下特色：

(1) 舍“全”。本书不追求知识的系统性和完整性，凡是陈述性知识都简明扼要地列出，概念性知识都用灰色底纹标出。

(2) 求“活”。本书使用大量的图片、漫画、图表等形象化语言来说明知识点，以“案例评析”形式引出主题内容，以“适时穿插”形式来扩充学生的知识面，努力帮助学生提高学习兴趣。

(3) 盼“动”。本书设置了大量的“问题研讨”，使学生能及时就所学内容开动脑筋，开拓思维，引导学生观察社会，发掘学生用自己的眼光去分析问题，判断是非。在每个大主题的结尾设置了“自我测试”，并在书后附一套模拟试题，采用多种题型帮助学生巩固所学知识。

本书由武汉市财政学校高级讲师韩菲任主编，武汉市商业服务学院副教授张翠虹任副主编，湖北省税务职业技术学院副教授庄燕燕和武汉市财政学校高级讲师林森参加了编写。武汉市财政学校彭守祥为本书绘制了插图。武汉市财经学校高级讲师方焰审阅全书。

在本书编写过程中，得到了武汉市财政学校、武汉市商业服务学院、湖北省税务职业技术学院的大力支持。同时，我们参考了有关教材及其他相关著作。武汉长光电源有限公司会计师陈莉红参与了大纲拟定工作并提出许多宝贵建议，湖北东方会计师有限责任公司副总经理、注册会计师严开富先生给予了大量实务上的指导，在此一并表示诚挚的谢意。

由于作者水平有限，本书难免有疏漏之处，恳请各位专家和读者提出宝贵意见。

编　者

2007年1月

目 录

第1单元　会计法律制度

第2单元　支付结算法律制度

第3单元　税收征收管理法律制度

第4单元　会计职业道德

第1单元

会计法律制度

内容提要

会计人员在核算和监督经济活动、提供会计信息的过程中，既要具备较强的专业胜任能力，又要熟知会计法律制度。

市场经济秩序实际上是一种法律秩序，会计工作是经济工作的核心部分，规范会计工作和会计行为，是维护市场经济秩序的需要。会计处理各种经济业务事项必须要有强制约束力的规范，这是包括国家在内的各方面利益关系者的客观要求。调整经济活动中各种特定会计关系的会计法律制度由此应运而生。

本单元主要介绍会计法律制度的构成，会计制度的制定，会计机构和会计人员管理的法律规定，会计专业职务及会计专业技术资格的有关知识，会计工作岗位的设置和会计人员的回避制度以及会计工作交接等有关规定。

学习本单元，旨在使会计人员明确会计机构、会计人员必须按照会计法律制度的规定依法进行会计核算，同时还要积极配合、接受国家会计监督和社会会计监督；尤其是，通过学习，清醒地认识到，各单位的一切会计行为必须符合会计法律制度的规定，会计机构、会计人员以及其他相关人员如果违反了会计法律制度，将要承担相应的行政责任和刑事责任，从而提高会计人员执业水平，维护法律尊严。

1 会计工作的规则

学习目标

- 能够区分会计法律、会计行政法规、国家统一的会计制度、地方性会计法规等法律制度，识别不同层次法律制度的效力
- 能够描述我国会计工作管理体制、国家统一会计制度的制定权限

1997 年，中国发生了首起证券欺诈案，“琼民源”被披露虚构利润 5.4 亿元，虚增资本公积 6.57 亿元；2001 年，曾被誉为“中国第一蓝筹股”的“银广夏”被披露虚构利润 7.45 亿元；2002 年 6 月，美国世界通信公司被披露涉嫌虚报 38.52 亿美元巨额利润；2001 年，美国安然能源公司破产，导致作为世界“五大”之一的安达信会计事务所终结，并由此引发了注册会计师行业诚信危机和此后一系列重大变革的出台。这些震惊中外的案件引起了业内外人士对会计法律制度的深层思考。

——李敏. 现代审计学. 上海：上海财经大学出版社，2003

1.1 “规则”——会计法律制度

案例评析

新手上路

【背景资料】

张老师长期担任“会计证”考前培训班“基础会计”课程的教学，学员大多是刚刚走上会计岗位或准备从事会计工作的人员。一天，学员们听说学完“基础会计”还要学“会计法规与职业道德”，课间休息时就围着张老师问了起来。

学员甲问：“‘职业道德’还比较耳熟，‘会计法规’是什么就不清楚了。是不是类似‘交通法规’？”

学员乙立刻接道：“‘会计法规’不就是《会计法》嘛！”

学员丙纠正说：“不对，是指会计制度。我们平时工作时，都是看会计制度。”

学员丁补充说：“除了会计制度，还有会计准则。”

……

评析解读

以上几个学员说的都不够准确、完整。会计法律制度应该包括四个方面的内容:会计法律(即《会计法》)、会计行政法规、国家统一的会计制度和地方性会计法规。

1.1.1 没有规矩不成方圆

会计是一项严谨的工作,从业人员必须遵循其工作的基本"规矩"。《中华人民共和国会计法》(简称《会计法》)及其他会计法律制度就是将会计工作所涉及的"规矩"——基本内容、要求、方法、程序及法律责任等进行统一的规范,以使会计工作有章可循,从而使经济主体能够顺利开展经济管理活动。

会计法律制度,是指国家权力机关以及行政机关制定颁发的各种有关会计工作的规范性文件的总称。

会计法律制度是调整会计关系的法律规范。会计关系是会计机构和会计人员在办理会计事务过程中以及国家在管理会计工作过程中发生的经济关系。

1.1.2 会计法律制度的组成

目前,我国基本形成了以《会计法》为主体的具有中国特色的比较完整的会计法律制度体系。会计法律制度体系包括四个层次,即会计法律、会计行政法规、国家统一的会计制度和地方性会计法规。

1. 会计法律

会计法律是指由全国人民代表大会及其常务委员会经过一定立法程序制定的有关会计工作的法律。

会计法律即《会计法》,是会计法规体系的最高层次,是制定其他会计法规的母法,也是指导会计工作的最高准则,是会计机构、会计工作、会计人员的根本大法。

1999 年 10 月 31 日九届全国人大常委会第十二次会议修订通过的《会计法》,于 2000 年 7 月 1 日正式生效。

2. 会计行政法规

会计行政法规是由国务院制定发布或者国务院有关部门拟订,经国务院批准发布,调整经济生活中某些方面会计关系的法律规范。

会计行政法规是会计法律的补充和具体化,法律效力仅次于《会计法》。如国务院发布的《总会计师条例》、《企业财务会计报告条例》,国务院批准、财政部发布的《企业会计准则》等。

3. 国家统一的会计制度

国家统一的会计制度,是指国务院财政部门根据《会计法》制定的关于会计核算、会计监督、会计机构和会计人员以及会计工作管理的制度,包括规章和规范性文件。

会计规章是根据《会计法》，由财政部门制定，并由部门首长签署命令予以公布的制度办法。如 2001 年 2 月 20 日以财政部第 10 号令形式发布的《财政部门实施会计监督办法》。

会计规范性文件是指财政部就会计工作中的某些方面所制定的规范性文件，如，《企业会计制度》、《会计基础工作规范》、《会计从业资格管理办法》，以及财政部与国家档案局联合发布的《会计档案管理办法》等。

4. 地方性会计法规

地方性会计法规，是指省、自治区、直辖市的人民代表大会及其常务委员会在与会计法律、会计行政法规不相抵触的前提下，根据本地区情况制定、发布的地方会计规范性文件。

地方性会计法规如《湖北省代理记账管理实施办法》、《湖北省会计从业资格管理实施办法》等。

问题研讨

《会计法》与《企业会计准则》有什么不一样吗？

适时穿插

新中国的第一部会计法律于 1985 年 1 月 21 日第六届全国人大常委会第九次会议通过，同年 5 月 1 日起实施；此后经过两次修改：1993 年 12 月 29 日第八届全国人大常委会第五次会议对该法作了修正，1999 年 10 月 31 日第九届全国人大常委会第十二次会议做出《关于修改〈中华人民共和国会计法〉的决定》，对《会计法》再次作了修改。

1.2 会计制度的制定

案例评析

"婆家"与国家

【背景资料】

A 市财政局为向上级财政部门上报该市企事业单位会计从业人员基本信息，向其行政区域所属各企事业单位下发了相关调查表，要求各单位在规定的时间将填写的表格交送财政局会计事务处。民营企业"大兴商贸有限责任公司"拒不配合填写表格，其会计部负责人廖某声称：我们未接到上级集团总公司的指示，因此不能满足财政局的要求。

评析解读

《会计法》规定:国务院财政部门主管全国的会计工作,县级以上地方各级人民政府的财政部门管理本行政区域内的会计工作。子公司除了接受"婆家"——总公司的监管外,还要接受国家监管,"婆家"必须服从国家。因此,A市财政局有权对辖区内的各企事业单位的会计工作进行检查,廖某的做法是不正确的。

1.2.1　会计工作的主管部门

会计工作的主管部门,是指代表国家对会计工作行使管理职能的政府部门。

根据《会计法》规定:国务院财政部门主管全国的会计工作,县级以上地方各级人民政府的财政部门管理本行政区域内的会计工作。这一规定体现了"统一领导,分级管理"的原则。

1.2.2　会计制度的制定权限

1. 制定权限的归属

《会计法》规定:"国家统一的会计制度由国务院财政部门根据本法制定并公布。"

对会计核算和会计监督有特殊要求的行业,国务院有关部门可以依照《会计法》和国家统一的会计制度,制定实施国家统一的会计制度的具体办法或者补充规定,报国务院财政部门审核批准;军队实施国家统一的会计制度的具体办法,由中国人民解放军总后勤部制定,但须报国务院财政部门备案。

2. 国家统一的会计制度的内容

- 国家统一的会计核算制度,如《企业会计准则》、《事业单位会计准则》以及各种具体准则,《工业企业会计制度》等分行业会计制度。
- 国家统一的会计机构和会计人员管理制度,如《会计人员职权管理条例》、《总会计师条例》、《会计证管理办法》、《会计专业技术资格考试暂行规定》等。
- 国家统一的会计工作管理制度,如《会计基础工作规范》、《会计档案管理办法》等。
- 国家统一的会计监督制度,如《内部会计控制规范》、《财政部门实施会计监督办法》等。

问题研讨

除了财政部门主管会计工作以外,还有哪些部门可以配合财政部门管理会计工作?

会计准则和会计制度的主要关系。联系:都是会计标准,都是对各会计要素进行确认、计量、记录和报告的依据和准绳,只不过前者的标准原则一些,后者的标准具体一些。区别:① 规范的目标不同;② 适用的范围不同;③ 可操作性强弱不同;④ 对会计人员的素质要求不同;⑤ 在会计规范体系中的层次不同。

适时穿插

自我测试

一、单项选择题(在题后的四个备选答案中,选出正确的答案填入题干后面的括号中)

1. 会计法律制度中层次最高的法律规范是(　　)。

A.《宪法》　　B.《会计法》

C.《企业会计准则》　　D.《会计基础工作规范》

2. 财政部颁发的《会计基础工作规范》、《会计从业资格管理办法》、《会计人员继续教育暂行规定》等都属于(　　)。

A. 会计行政法规　　B. 会计规范性文件

C. 会计法律　　D. 会计条例

3. 国家统一会计制度的制定部门是(　　)。

A. 各级人民政府财政部门　　B. 国务院金融主管部门

C. 国务院税务主管部门　　D. 国务院财政部门

4. (　　)制定的会计具体办法和补充规定只需报财政部备案,不需审核批准。

A. 中国人民银行　　B. 铁道部

C. 中国人民解放军总后勤部　　D. 信息产业部

5. 我国的会计管理体制是(　　)。

A. 统一领导　　B. 统一领导,分级管理

C. 分级领导　　D. 统一领导,集中管理

6. 我国的会计法律制度包括会计法律、会计行政法规、国家统一的会计制度和地方性会计法规,其中由国务院制定的是(　　)。

A. 会计法律　　B. 会计行政法规

C. 会计规章　　D. 会计法

7. 我国会计管理体制实行“统一领导、分级管理”,目前,各地方会计工作的管理部门,限定在(　　)以上人民政府的财政部门。

A. 省级　　B. 市级

C. 县级　　D. 乡级

8. 下列各项中,属于会计行政法规的有(　　)。

A.《会计法》　　B.《企业财务会计报告条例》

C.《会计基础工作规范》　　D.《企业会计制度》

二、多项选择题(在题后的四个备选答案中,选出2至4个正确的答案填入题干后面的括号中)

1. 下列各项,属于我国会计法律制度构成范围的是(　　)。

A.《中华人民共和国会计法》　　B.《企业财务会计报告条例》

C.《企业会计制度》　　D.《湖北省实施〈中华人民共和国会计法〉办法》

2. 我国的会计法律制度包括(　　)。

A. 会计法律　　B. 会计行政法规

C. 国家统一的会计制度　　　　　　　D. 地方性会计法规

3. 下列说法正确的是(　　　　)。

A. 国务院财政部门管理全国的会计工作

B. 地方各级人民政府财政部门管理本行政区域内的会计工作

C. 国家统一的会计制度由国务院财政部门制定并公布,这里的“会计制度”仅指会计核算制度

D. 国家统一的会计制度是在会计理论指导下对会计工作实践的总结,体现了会计理论的要求及会计实践的积累

4. 下列各项属于国家统一会计制度的有(　　　　)。

A. 财政部颁发的《会计基础工作规范》

B. 国家税务总局发布的《个体工商户建账管理办法》

C. 财政部、国家档案局发布的《会计档案管理办法》

D. 中国会计学会制定的《中国会计学会章程》

三、判断题(判断下列观点的正误,对的在括号中打“√”,错的打“×”)

1. 我国的会计工作由财政部管理。(　　)

2. 会计法律是由国家强制力保证实施的行为规范。(　　)

3. 会计行政法规是由全国人民代表大会常务委员会制定发布的。(　　)

4.《国家统一会计制度》赋予财政部门对违法单位和个人的行政处罚权。(　　)

5. 国家实行统一的会计制度是规范会计行为的重要保证。(　　)

6. 除国务院财政部门外,其他部门没有权力制定国家统一的会计制度。(　　)

四、思考拓展

1. 我国的会计法规知多少?请在课外收集,并尽可能地一一列举出来。

2. 请辨别各项会计法规所属法律制度的层次及法律效力,找出不同层次法律制度的异同点。

五、案例分析

2000 年,新《会计法》正式实施后,为检查新《会计法》执行情况,某地财政局开展了专项检查活动。当他们来到某外国在华独资经营企业时,保安拒绝检查组进门,并大声说:“我们这儿是外国独资企业,你们要查《会计法》实施情况,应该去那些内资企业嘛。”

请分析:保安这样说对吗?为什么?

2 会计工作的管理

学习目标

- 了解会计机构设置的法律要求，知晓单位负责人、会计机构负责人、总会计师的任职资格及其会计责任
- 熟悉会计从业资格的管理及会计专业技术资格考试制度
- 分析、理解会计人员回避制度的重要性，清楚会计人员工作交接操作程序

"经济越发展，会计越重要"。这绝不只是对会计从业人员的勉励之词，而是对会计在经济管理中所起作用的真实反映。

2.1 会计机构

案例评析

走马上任

【背景资料】

某大型国有企业2006年1月新领导班子上任后，作出了精简机构的决定，将会计科撤并到"企管办"，同时任命企管办主任夏某任会计主管人员，夏某自参加工作后一直从事文秘工作。新领导为了让夏某能尽快胜任会计主管职责，选送他参加了会计证培训班。半年后经过考试，夏某取得了会计从业资格证书。

评析解读

(1) 该企业撤并会计机构有违法之处。《会计法》和《会计基础工作规范》都规定：各单位应当根据会计业务的需要，设置会计机构，不具备设置条件的，可以不单独设置会计机构。作为大型国有企业，有条件而且其纷繁的会计业务也需要单独设置会计机构。

(2) 任命夏某为会计主管人员有违法之处。根据规定，担任单位会计机构负责人(会计主管人员)的，除取得会计从业资格证书外，还应当具备会计师以上专业技术职务资格或者从事会计工作三年以上经历。夏某不具备法定资格。

2.1.1 设置会计机构

《会计法》规定："各单位应当根据会计业务的需要，设置会计机构，或者在有关机构中设置会计人员并指定会计主管人员；不具备设置条件的，应当委托经批准设立从事会计代理记账业务的中介机构代理记账。"

会计机构是指各单位贯彻执行财经法规、组织领导和办理会计事务的职能部门。

会计机构是搞好会计工作的组织保证，会计人员是搞好会计工作的决定因素。建立健全会计机构，配备一定数量并具有一定素质、持有从业资格证书的会计人员，是做好会计工作、充分发挥会计职能作用的必要前提。是否需要设置专门的会计机构，由各单位根据会计事务的需要自行决定。

2.1.2 代理记账

代理记账，是指从事代理记账业务的社会中介机构如会计事务所、会计咨询服务机构等接受委托人的委托办理会计业务。

委托人是指委托代理记账机构办理会计业务的单位。代理记账机构是从事代理记账业务的中介机构(图 2.1)。

1. 代理记账的业务范围

代理记账机构可以接受委托，受托办理委托人的下列业务：

- 根据委托人提供的原始凭证和其他资料，按照国家统一的会计制度的规定进行会计核算，包括审核原始凭证、填制记账凭证、登记会计账簿、编制财务会计报告等；
- 对外提供财务会计报告，代理记账机构为委托人编制的财务会计报告，经代理记账机构负责人和委托人签名并盖章后，按照有关法律、行政法规和国家统一的会计制度的规定对外提供；
- 向税务机关提供税务资料；
- 委托人委托的其他会计业务。

图 2.1 社会中介机构

2. 委托代理记账的委托人的责任和义务

委托代理记账的委托人应当履行下列义务：

- 对本单位发生的经济业务事项，应当填制或者取得符合国家统一的会计制度规定的原始凭证；
- 应当配备专人负责日常货币资金收支和保管；

- 及时向代理记账机构提供真实、完整的原始凭证和其他相关资料；
- 对于代理记账机构退回的要求按照国家统一的会计制度规定进行更正、补充的原始凭证，应当及时予以更正、补充。

3. 代理记账机构及其从业人员的从业规则

代理记账机构及其从业人员应履行下列义务：

- 按照委托合同办理代理记账，遵守会计法律制度的规定，依法履行职责；
- 遵守会计职业道德，对在执行业务中知悉的商业秘密负有保密义务；
- 对委托人示意其作出不当的会计处理，提供不实的会计资料，以及其他不符合会计法律制度规定的要求，应当拒绝；
- 对委托人提出的有关会计处理原则问题负有解释的责任。

问题研讨

查阅资料，了解代理记账机构设立的条件和程序。

会计人员的分类方法繁多，其中一种分类是将会计人员分为私人会计和公共会计。

私人会计也称个人会计师，为某一特定单位工作，如工厂、商店、公司等，慈善组织教育机构和政府部门也雇用私人会计师。这些会计人员通常称为助理会计师、会计师、总会计师、财务主任等。

公共会计师是像律师、医生那样，服务于一般大众并收取费用的会计师。他们的工作包括审计、税务策划、代理记账与管理咨询等。公共会计师只占所有会计师的一小部分。符合某些职业要求的公共会计师通常称为注册会计师。

适时穿插

2.2 各就各位

案例评析

主 责 难 逃

【背景资料】

某集团公司的董事长王某（公司法人代表）社会事务繁多，为此，公司以书面文件形式规定，公司法定会计事务职权均由总会计师李某代为履行。后经税务部门查账证实，该企业会计处理中存在严重偷漏税行为。国家检察机关在追究王某作为公司法人代表的法律责任时，王某拿出公司文件辩称：会计事务由李某负责，相关单据也均为李某签字，他本人全不知情。所以一切责任与他无关，要追究就追究李某。

评析解读

该集团公司的董事长王某的做法是错误的。单位负责人可以书面约定，授权其代理人行使单位负责人的有关职权，并明确责任，代理人如有违反，单位负责人可以按内部规章予以处理，这是单位负责人与其他负责人的委托授权关系问题。但单位负责人仍是本单位执行《会计法》的责任主体。

2.2.1 单位负责人

单位负责人是指单位法定代表人或者法律、行政法规规定代表单位行使职权的主要负责人。

单位负责人在会计工作方面的主要责任有四个方面：

- 按照《会计法》的规定设置会计机构、选用会计人员，为会计资料真实性、完整性提供组织保证和人员保证。
- 应当保证会计机构和会计人员依法履行职责，不得授意、指使、强令会计机构、会计人员违法办理会计事项。
- 不得对依法履行职责、抵制违反《会计法》规定行为的会计人员实行打击报复。
- 要认真审核本单位编制的财务会计报告，在上面签名并盖章，以对本单位财务会计报告的真实性、完整性承担法律责任。

2.2.2 会计机构负责人

会计机构负责人（会计主管人员）是指在一个单位内具体负责会计工作的中层管理人员。

《会计法》规定：担任单位会计机构负责人（会计主管人员）除取得会计从业资格证书外，还应当具备会计师以上专业技术职务资格或者从事会计工作三年以上经历。

2.2.3 总会计师

总会计师是负责一个单位全部财务工作的高层管理人员（图 2.2）。

总会计师是企业财务的“头”，在国外通常被称为CFO，地位仅次于首席执行官（CEO）。

《总会计师条例》明确规定了总会计师必须具备的条件，其中包括“取得会计师任职资格后，主管一个单位或者单位内一个重要方面的财务会计工作时间不少于三年”。

图 2.2　企业高层管理人员

问题研讨

“会计师”、“总会计师”、“注册会计师”怎么区分？

20 世纪的七八十年代，总会计师（CFO）主要是一个管家；90 年代，有点像投资银行的银行家；现在则更像一个战略家。

适时穿插

2.3　资格认定

案例评析

用人不当

【背景资料】

检查人员发现某公司会计核算由一名出纳、一名会计两人担当，出纳周某没有会计从业资格证书。公司负责人解释说：本公司规模小，业务少，出纳员也就收收钱，支支款，能记个流水账就可以了。我们请的出纳是个高中毕业生，能力足够了。后有员工向检查人员证实，这个出纳员系刚聘不久，原先的出纳员因不同意老板乱报销而被炒了鱿鱼。

评析解读

（1）任用尚未取得会计从业资格证书的周某担任出纳工作，违反了《会计法》中“从事会计工作的人员，必须取得会计从业资格证书”的规定。

（2）该公司负责人因原出纳员拒绝其乱报销费用而将之解聘，有报复之意，违反了《会计法》中“任何单位或者个人不得对依法履行职责、抵制违反本法规定的会计人员实行打击报复”的规定。

2.3.1　从业资格

会计从业资格是指进入会计职业、从事会计工作的一种法定资质，是进入会计职业的“门槛”。

会计人员从业资格，是从事会计工作的人员所需要具备的法律资格。会计从业资格证书，是会计工作人员持有的上岗凭证（图 2.3）。

《会计从业资格管理办法》规定：“各单位不得任用（聘用）不具备会计从业资格的人员从事

会计工作。不具备会计从业资格的人员，不得从事会计工作，不得参加会计专业技术资格考试或评审、会计专业职务的聘任，不得申请取得会计人员荣誉证书。”

1. 会计从业资格证书的适用范围

在国家机关、社会团体、公司、企业、事业单位和其他组织等一切实行独立核算、办理会计事务的社会组织和经济组织中从事下列会计工作的人员（包括港、澳、台及外籍人员在中国大陆境内从事会计工作的人员），必须持有会计从业资格证书：

会计机构负责人（会计主管人员）；出纳；稽核；资本（资金）核算；收入、支出、债权债务核算；工资、成本费用、财务成果核算；财产物资的收发、增减核算；总账；财务会计报告编制；会计机构内会计档案管理。

2. 会计从业资格的取得

• 从业资格的取得实行考试制度（图 2.4）。

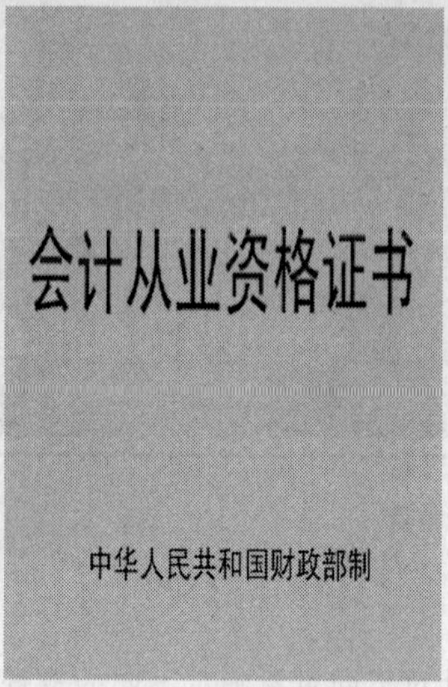

图 2.3 会计从业资格证书

图 2.4 会计从业资格考试

• 会计从业资格报名条件：坚持原则，秉公办事，具备良好的道德品质；遵守会计和财经法律、法规；具备会计专业基本知识和技能。

• 会计从业资格免试条件：申请人符合基本报名条件且具备国家教育行政主管部门认可的中专以上（含中专，下同）会计类专业学历（或学位）的，自毕业之日起 2 年内（含 2 年），免试会计基础、初级会计电算化（或者珠算五级）。

3. 会计从业资格证书的管理

（1）上岗注册登记

持证人员从事会计工作，应当自从事会计工作之日起 90 日内，填写注册登记表，并持会计从业资格证书和所在单位出具的从事会计工作的证明，向单位所在地或所属部门、系统的会计从业资格管理机构办理注册登记。

（2）离岗备案

持证人员，离开会计岗位超过 6 个月的，应向原注册登记的会计从业资格管理机构备案。

(3) 调转登记

持证人员调转工作单位,且继续从事会计工作的,应当按规定要求办理调转登记。

(4) 变更登记

持证人员的学历或学位、会计专业技术职务资格等发生变更的,应向所属会计从业资格管理机构办理从业档案信息变更登记。

4. 会计人员继续教育

会计人员继续教育是指取得会计从业资格的人员持续接受一定形式的、有组织的理论知识、专业技能和职业道德的教育和培训活动,不断提高和保持其专业胜任能力和职业道德水平(图2.5)。

图 2.5 会计人员继续教育

(1) 会计人员继续教育的特点

会计人员继续教育具有以下特点:一是针对性,即针对不同对象确定不同的教育内容,采取不同的教育方式,解决实际问题;二是适应性,即联系实际工作需要,学以致用;三是灵活性,即继续教育培训内容、方法、形式等方面具有灵活性。

(2) 会计人员继续教育的内容

会计人员继续教育的内容主要包括:会计理论与实务;财务、会计法规制度;会计职业道德规范;其他相关的知识与法规。

(3) 会计人员继续教育的形式和学时要求

继续教育形式主要包括接受培训和自学两种。持证人员每年参加继续教育不得少于24小时。

2.3.2 会计专业职务与技术资格

1. 会计专业职务

会计专业职务,是区别会计人员业务技能的技术等级。

根据《会计专业职务试行条例》的规定,会计专业职务分为高级会计师、会计师、助理会计师和会计员;其中,高级会计师为高级职务,会计师为中级职务,助理会计师和会计员为初级职务。

2. 会计专业技术资格

会计专业技术资格，是指担任会计专业职务的任职资格。

根据《会计专业技术资格考试暂行规定》，会计专业技术资格分为初、中、高三个级别。目前，初级、中级会计师资格实行全国统一考试制度，高级会计师资格实行考试与评审相结合制度。

问题研讨

已经具有一定会计理论知识和专业技能的会计人员为什么还要参加会计从业人员继续教育?

2003 年 3 月 14 日，注定将在中国会计史上留下浓墨重彩的一笔。是日，国家人事部办公厅和财政部办公厅以人办发[2003]28 号文的形式，正式确定浙江省和湖北省成为中国高级会计师资格考评结合的第一批试点。在 2003 年试点的基础上，“考评结合试验田”的面积有了进一步的扩大，2004 年扩大到 16 个省市，2005 年扩大到 29 个省市。

适时穿插

2.4 会计工作的注意事项

案例评析

相互推诿

【背景资料】

出纳员小吴因工作需要将调至企业其他部门工作，由财务部结算中心另一出纳员小江接手她的工作。这一天，是两人办理工作交接的时间，财务部部长苏先生对她们说，今天我外面有个紧急会议，你们本来就彼此熟悉，自己办理交接手续吧，回来后给我说一下就可以了。半年以后，企业内部审计人员对库存现金进行专项清查，发现存在大量“白条”，且账实不符。小吴、小江都说与己无关，是对方管理过程中出现的问题。

评析解读

从上述案例可以看出，该企业现金管理中存在诸多问题：

(1) 现金核算没有按规定要求做到“日清日结”，以至于账实不符而查询困难。

(2) 大量“白条”的出现，说明企业现金支出管理中存在严重监控不力，违规使用现金问题。

(3) 出纳交接双方自行交接不符合会计人员工作交接规程，并最终导致责任不明。

2.4.1 会计工作的岗位设置

会计工作岗位，是指一个单位会计机构内部根据业务分工而设置的职能岗位。

会计人员与会计工作岗位，通俗地说，就是“萝卜与坑”的关系。根据规定：会计工作岗位，可以一人一岗、一人多岗或者一岗多人。但出纳人员不得兼管稽核、会计档案保管和收入、费用、债权债务账目的登记工作。

2.4.2 会计人员的回避制度

回避制度是指为了保证执法或者执业的公正性，对可能影响其公正执法或者执业的人员实行职务回避和业务回避的一种制度。

回避制度已成为我国人事管理的一项重要制度。《会计基础工作规范》规定：国家机关、国有企业、事业单位任用会计人员应当实行回避制度；单位负责人的直系亲属不得担任本单位的会计机构负责人、会计主管人员；会计机构负责人、会计主管人员的直系亲属不得在本单位会计机构中担任出纳工作。

2.4.3 会计人员的工作交接

会计人员工作交接，是指会计人员因故不能工作时与接替人员办理交接手续的一种工作程序。

《会计法》以及其他会计法规对会计工作交接制度作出了原则性规定，《会计基础工作规范》在此基础上作出了具体规定。

1. 交接的范围

会计人员调动工作、离职或者因病不能工作且需要接替或代理的，会计机构负责人、会计主管人员或单位负责人必须指定有关人员接替或者代理并办理交接手续。

2. 交接的程序

办理会计工作交接手续时，要有专人负责监交。一般会计人员办理交接手续，由单位的会计机构负责人、会计主管人员负责监交；会计机构负责人、会计主管人员办理交接手续，由单位负责人负责监交，必要时可由上级主管部门派人会同监交（图 2.6）。

3. 交接人员的责任

交接人员的责任划分以办妥交接手续的时间为界，移交人对移交前自己经办且已经移交的会计资料的真实性、完整性承担法律责任，即便接替人在交接时因疏忽没有发现所接会计资料存在问题，如事后发现，仍应由原移交人负责，原移交人不应以会计资料已经移交而推脱责任。

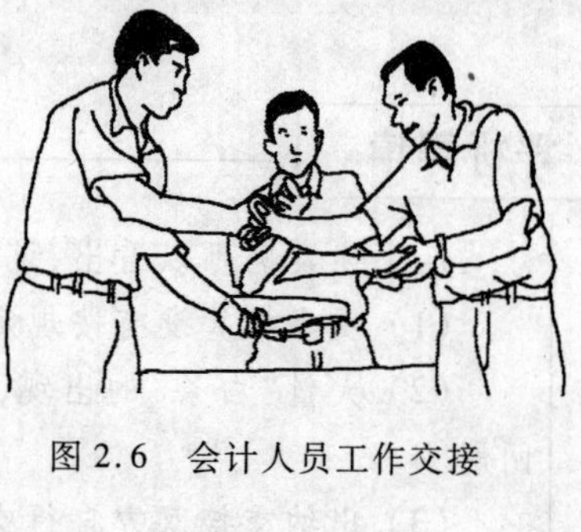

图 2.6 会计人员工作交接

问题研讨

会计工作交接涉及两个单位的，由谁监交？

会计人员的工作交接要求：交接完毕，交接双方及监交人要在移交清册上签名盖章，并在移交清册上注明：单位名称，交接日期，交接双方和监交人的职务、姓名，移交清册页数及需要说明的问题和意见等；接管人员应继续使用移交前的账簿，不得擅自另立账簿，以保证会计记录前后衔接，内容完整；移交清册填制一式三份，交接双方各持一份，存档一份。

适时穿插

自我测试

一、单项选择题（在题后的四个备选答案中，选出正确的答案填入题干后面的括号中）

1．会计专业技术资格证在（　　）内有效。

A．全省范围　　B．全市范围

C．全国范围　　D．地区范围

2．对触犯刑律被追究刑事责任的会计人员，（　　）不得从事会计工作。

A．终身　　B．5 年内

C．10 年内　　D．15 年内

3．会计人员应当参加继续教育，持证人员每年参加继续教育不得少于（　　）。

A．24 小时　　B．72 小时

C．30 小时　　D．48 小时

4．出纳人员可以兼记（　　）。

A．收入账目　　B．费用账目

C．往来账目　　D．固定资产明细账

5．下列各项中，不属于会计岗位的有（　　）。

A．医院门诊收费员　　B．单位内部审计

C．社会审计　　D．商场收银员

6．根据《会计法》的规定，一般会计人员因调动工作或者离职办理交接手续时，负责监交的人员应当是（　　）。

A．其他会计人员　　B．会计机构负责人

C．单位负责人　　D．财政部门派出人员

7．根据《会计法》的规定，担任单位会计机构负责人的，除取得会计从业资格证书外，还应当具备的法定条件是（　　）。

A．具备会计员专业技术职务资格或者从事会计工作 2 年的经历

B．具备助理会计师专业技术资格或者从事会计工作 2 年的经历

C．具备会计师以上专业技术资格或者从事会计工作 3 年以上的经历

D. 具备注册会计师资格或者从事会计工作2年的经历

8. 根据《会计法》及相关法律规定，在公司制企业中对本单位会计工作承担第一责任的人员是（　　）。

A. 董事长　　B. 总经理

C. 总会计师　　D. 会计机构负责人

9. 从事会计工作的人员，必须取得（　　）。

A. 助理会计师资格证　　B. 会计从业资格证

C. 电算会计合格证　　D.《会计法》培训合格证

二、多项选择题（在题后的四个备选答案中，选出2至4个正确的答案填入题干后面的括号中）

1. 下列从业人员，不必取得会计从业资格的是（　　）。

A. 商场收银员　　B. 政府审计人员

C. 医院门诊收费员　　D. 档案管理部门管理会计档案的人员

2. 国家机关、国有企业、事业单位任用会计人员实行回避制度，单位负责人的直系亲属不得担任（　　）。

A. 会计机构负责人　　B. 会计主管人员

C. 会计　　D. 出纳

3. 下列各项属于《会计法》规定的"单位负责人"的是（　　）。

A. 有限责任公司的执行董事　　B. 国有企业的厂长

C. 个人独资企业的投资人　　D. 代表合伙企业执行合伙事务的合伙人

4. 代理记账的业务范围包括（　　）。

A. 审核、填制原始凭证　　B. 填制记账凭证

C. 登记账簿并编制会计报告　　D. 提供税务资料

5. 以下属于总会计师的权限的有（　　）。

A. 组织各职能部门的经济核算、成本管理

B. 审批财务收支

C. 预算财务收支计划、成本和费用计划

D. 任用、晋升、调动会计人员

6. 从事以下（　　）工作的人员必须取得会计从业资格。

A. 出纳　　B. 稽核

C. 财产物资的收发管理　　D. 会计档案管理

7. 申报会计从业资格考试，获得中专以上会计类专业学历的，自毕业之日起2年内，可免试（　　）。

A. 会计基础　　B. 会计实务

C. 初级会计电算化（或珠算五级）　　D. 财经法规与会计职业道德

8. 在任用会计人员时，应当实行回避制度的单位有（　　）。

A. 国家机关　　B. 国有企业

C. 事业单位　　D. 私营有限责任公司

9. 一般会计人员办理交接手续时的监交人员有(　　　)。

A. 会计机构负责人　　　　　　B. 会计主管人员

C. 单位领导人　　　　　　　　D. 主管单位派人

三、判断题(判断下列观点的正误,对的在括号中打"√",错的打"×")

1. 由于会计业务的重要性,各单位必须设置单独的会计机构。(　　)

2. 出纳人员不得兼任账目的登记工作。(　　)

3. 会计工作岗位只能一人一岗。(　　)

4. 任何单位任用会计人员都应当实行回避制度。(　　)

5. 会计机构负责人除取得会计从业资格证外,还必须具备中级以上专业职务资格并从事会计工作3年以上。(　　)

6. 单位负责人的直系亲属不得担任本单位的会计机构负责人、会计主管人员,会计机构负责人、会计主管人员的直系亲属不得在本单位会计机构中担任出纳工作。(　　)

7. 高级会计师可以不参加会计人员的继续教育。(　　)

8. 接替人员在交接时因疏忽没有发现所接会计资料在合法性、真实性、完整性方面存在问题,应对其承担法律责任。(　　)

9. 代理记账人员对委托人提出的有关会计处理原则问题负有解释的责任。(　　)

10. 除临时离职或因正当原因暂时不能工作的以外,会计人员在离职时都应办理交接手续。(　　)

11.《会计法》所规定的单位负责人均指法定代表人。(　　)

12.《会计法》所指的对本单位会计资料真实性负责的单位负责人,是指该单位财务部门的负责人。(　　)

13. 因单位负责人对本单位会计工作和会计资料的真实性、完整性承担第一责任,所以会计人员对本单位的会计信息失真没有责任。(　　)

14. 只有取得会计从业资格证书的人员才能从事会计工作。(　　)

四、思考拓展

1. 为什么《会计法》要把单位负责人作为本单位会计行为的责任主体?如果你是单位一般会计人员,按领导的意图做了假账,有没有法律责任?

2. 如果你到一个新单位,领导让你担任出纳人员,同时兼任稽核、会计档案保管或收入、费用、债权债务账目的登记工作,你接受吗?如何拒绝?

3. 有人认为:成人院校会计类专科毕业的学生,由于是利用业余时间学习,功底不扎实,需要取得会计从业资格证方能从事会计工作;而全日制大学会计类本科毕业生则可以直接从事会计工作。这种观点正确吗?

五、案例分析

1. 某校会计专业应届毕业生张某参加某公司招聘面试(图2.7)。招聘人员问他:你会不会做假账?怕不怕担责任?学生张某求职心切,回答说:做假账不难,我可以学;我学习过《会计法》,《会计法》规定单位负责人为本单位会计行为的责任主体,我不怕承担责任。最后张某落选。

图 2.7　企业招聘和学生面试

请分析：张某的回答有什么不妥？

2. 2005 年 8 月，小李大学毕业到甲公司从事会计工作，当年年底取得会计从业资格证书，第二年 6 月取得助理会计师资格。由于公司的业务需要，2006 年 12 月，公司董事长便任命甲为公司会计部门的负责人。

请分析：该任命是合法的吗？

3. 某公司人事部门从外省招聘了一名具有高级会计师资格的会计人员。高级会计师持有外省的会计从业资格证书，其相关的会计从业资格业务档案资料仍保存在外省的原单位所在地财政部门。

请分析：该公司招聘的高级会计师是否需要办理会计从业资格调转手续，如需办理，应怎样处理？

4. 2006 年 4 月，某市财政局派出检查组对市属某企业的会计工作进行检查。检查中了解到某国有企业原会计科长因已到退休年龄，由该厂厂长的女婿王某接任会计科长，王某系会计专业本科毕业，且从事会计工作已 5 年，有会计从业资格证书；并由会计科长王某的表妹担任出纳工作。

请分析：该企业会计人员的选用是否合法？

5. 地龙公司是一家国有大型企业。2006 年 12 月，公司召开董事会，董事长兼总经理胡某认为：财务会计报告专业性很强，我也看不懂，以前我在财务会计报告上签字盖章只是履行程序而已，意义不大。从今以后公司对外报送的财务会计报告一律改由公司总会计师李某一人把关，由其签字盖章后就可以对外报出。

请分析：胡某的决定有无法律依据？

6. 某单位工会干事谭某受命到商店购买了单价为 100 元的篮球 4 个，谭某示意售货员刘某开具数量为 2 个、单价为 200 元、总金额为 400 元的假发票并到单位报销。李某交给单位 2 个篮球，拿回家 2 个篮球。

请分析：该案中李某和刘某是否违法？是否都应依法承担法律责任？

3 会计工作的细则

学习目标

- 能够判断会计核算和会计监督中的是与非，理解各类监督的基本要求
- 熟悉和遵从会计凭证填制与审核、会计账簿登记、会计报表编制、会计档案保管的基本要求
- 通过具体案例，分析、归纳从事会计工作应当了解、掌握的会计法律制度基本规定，以及掌握会计法律制度与做好会计工作的关系
- 分析、判断会计行为合法与违法的界限及理由，以及违法会计行为应当承担的法律责任

神圣的工作在每个人的日常事务里，理想的前途在于一点一滴做起。

——小雨. 人生格言录. 北京：金城出版社，2003

3.1 会计核算

案例评析

"病情诊断"

【背景资料】

某企业，2006年发生以下事项：

1月，档案科会同会计机构对企业会计档案进行了清理，编造会计档案销毁清册，将保管期已满的会计档案按规定程序全部销毁，其中包括一些保管期满但未结清债权债务的原始凭证。

4月，经该企业负责人批准，某业务往来单位因业务需要查阅了该企业2002年会计档案，对有关原始凭证进行了复制，并办理了登记手续。

8月，会计机构复核人员在例行审核有关单据时，发现一张购买计算机的发票，其"金额"栏中的数字有更改现象，经查阅相关买卖合同、单据，确认更改后的金额数字是正确的，于是要求该发票的出具单位在发票"金额"栏更改之处加盖出具单位印章。之后，该企业会计人员予

以接受并据此登记入账。

12 月，为了赶制年度财务会计报告，会计机构负责人决定于 12 月 25 日提前结账，并编制了财务会计报告。

评析解读

(1) 该企业销毁会计档案有违法之处。依据法律规定，对于保管期满但未结清的债权债务原始凭证和涉及其他未了事项的原始凭证，不得销毁，而应当单独抽出立卷，保管到未了事项完结时为止。所以，并非保管期满的会计档案一律销毁。

(2) 该企业向业务往来单位提供查阅会计档案，复制有关原始凭证符合法律规定。法律规定，会计档案原则上不得借出，如有特殊需要，经本单位负责人批准，可以提供查阅或者复制，并办理登记手续。

(3) 该企业对购买计算机的发票的处理不符合法律规定。法律规定，原始凭证记载的各项内容均不得涂改。原始凭证内容有错误的，应当由出具单位重开或者更正，更正处应当加盖出具单位印章。原始凭证金额有错误的，应当由出具单位重开，不得在原始凭证上更正。

(4) 该企业提前结账必然影响会计资料的真实性、完整性，其行为是错误的。根据法律规定，各单位不得因赶制财务会计报告而提前结账，更不能先编制财务会计报告后结账。

3.1.1 会计核算的基本原则

会计核算是指通过确认、计量、记录、报告等方式，将各单位能以货币计量的经济活动内容转换成对决策者有用的会计信息。

会计的基本职能是核算和监督。会计核算是整个会计工作的核心和重点，理所当然，会计核算也是《会计法》的核心，《会计法》全文共 52 条，其中会计核算就占了 18 条。

会计核算的基本原则是：会计核算必须以实际发生的经济业务事项为依据。

3.1.2 会计核算的内容

根据《会计法》规定，对下列经济业务事项，应当及时办理会计手续，进行会计核算：

- 款项和有价证券的收付；
- 财物的收发、增减和使用；
- 债权债务的发生和结算；
- 资本、基金的增减；
- 收入、支出、费用、成本的计算；
- 财务成果的计算和处理；
- 其他需要办理会计手续、进行会计核算的事项。

3.1.3 会计年度

会计上将连续不断的经营过程人为地划分为若干相等的时段，分段进行结算、编制财务会计报告，分段反映单位的财务状况和经营成果。这种以年度为单位进行会计核算的时间区间，称为会计年度。

《会计法》规定：会计年度自公历 1 月 1 日起至 12 月 31 日止。每个会计年度还可以按照公历日期划分为半年度、季度、月度，以满足单位经营管理和投资者对会计资料的需要。

3.1.4 记账本位币

记账本位币，是指日常登记账簿和编制财务会计报告用以计量的货币。

根据《会计法》规定，会计核算原则上应当以人民币为记账本位币。同时，《会计法》允许收支业务以人民币以外的货币为主的单位，可以选定人民币以外的货币作为记账本位币，但是编制的财务会计报告应当折算为人民币，以便于财务会计报告使用者的阅读和使用，也便于税务、工商等部门通过财务会计报告计算应缴税款和进行工商年检。

3.1.5 会计凭证的填制与审核

会计凭证按其填制程序和用途，分为原始凭证和记账凭证两大类。

1. 原始凭证

原始凭证是在经济业务发生时由业务经办人员直接取得或者填制、用来记载和证明经济业务已经发生或完成情况、明确经济责任、作为记账原始依据的会计凭证。

在会计核算中，凡能够证明某项经济业务已经发生或完成的书面单据都可以作为原始凭证，如发票、银行结算凭证等；而那些不能证明该项经济业务已经发生或完成的单据，就不能作为原始凭证，如购销合同等。

(1) 原始凭证的填制要求

及时填制或取得原始凭证，是会计核算工作得以正常进行的前提条件。原始凭证的填制必须做到内容真实，项目完整，填制及时，书写清楚。

(2) 原始凭证的审核

对原始凭证的审核包括合法性、合理性、完整性和正确性四个方面，各方面的具体审核要求如图 3.1 所示。

2. 记账凭证

记账凭证亦称传票，是会计人员根据审核无误的原始凭证编制的、用来确定会计分录、并据以登记会计账簿的凭证。

记账凭证是将原始凭证记载的内容向会计账簿传递的重要中间环节，具有分类归纳原始凭证和满足登记会计账簿需要的作用。

(1) 记账凭证填制的基本要求

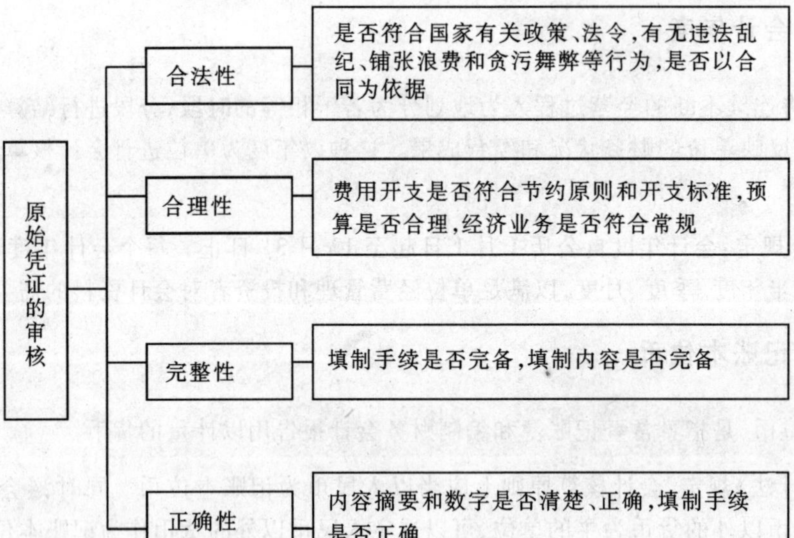

图 3.1　原始凭证的审核内容和要求

记账凭证应根据审核无误的原始凭证填制,其基本要求除了清楚、正确、完整等与原始凭证相同外,还应注意下列几点:

账户对应关系清晰;会计科目名称应按照会计制度的规定,不能只用编号或简称来代替;填制记账凭证时应进行连续编号;记账凭证可以根据每一张原始凭证填制,或者根据若干张同类原始凭证汇总填制,也可以根据原始凭证汇总表填制;除结账和更正错误的记账凭证可以不附原始凭证外,其他记账凭证必须附有原始凭证;如果在填制记账凭证时发生错误,应当重新填制。

(2) 记账凭证的审核

记账凭证的审核要求如图 3.2 所示。

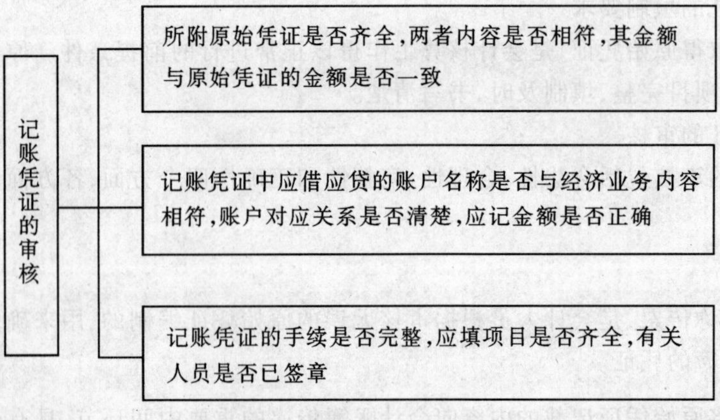

图 3.2　记账凭证的审核要求

3.1.6 会计账簿的登记

会计账簿是按照会计科目开设账户、账页，用以序时分类地记录经济业务的簿籍。

会计账簿是会计资料的主要载体之一，也是会计档案的重要组成部分。

对于会计账簿的登记，《会计法》和《会计基础工作规范》进行了规定，主要有以下基本要求：

- 会计账簿必须以审核无误的会计凭证为依据进行登记，确保会计信息的准确无误。
- 实行会计电算化的单位，其会计账簿的登记、更正，也应当符合国家统一的会计制度的规定。
- 会计账簿的设置和登记，应当符合有关法律、行政法规和国家统一的会计制度的规定。
- 禁止账外设账。
- 更正错账：会计凭证已经登记入账，如果会计科目、借贷方向没有错误，只是金额多记或少记，可以用红字更正法或补充登记法；发现以前年度记账凭证有错误的，首先应用红字填制一张与错误记账凭证内容完全相同的记账凭证，然后用蓝字填制一张更正的记账凭证。

3.1.7 编制财务会计报告

财务会计报告，是以账簿记录为依据，利用统一的货币计量，按照统一的格式、内容和编制方法定期编制的，用以总括反映单位在某一特定日期财务状况和某一会计期间经营成果、现金流量的书面文件。

财务会计报告是会计核算的最终产品，是对单位会计核算工作的全面总结。

财务会计报告在编制和对外提供的过程中，会计职业道德——诚实守信、廉洁自律、客观公正、坚持准则、参与管理、强化服务等均得到了充分体现。

财务会计报告的编制应当符合以下基本要求：

- 数字真实；
- 内容完整；
- 计算准确；
- 报送及时。

3.1.8 财产清查

财产清查是通过对货币资金、存货、债权债务等的盘点或核对，查明其账存数与实存数是否相符，并查明不符原因的一种会计核算方法。

《会计法》规定："各单位应当定期将会计账簿记录与实物、款项及有关资料相互核对，保证会计账簿记录与实物及款项的实有数额相符、会计账簿记录与会计凭证的有关内容相符、会计账簿之间相对应的记录相符、会计账簿记录与会计报表的有关内容相符。"

通过财产清查，可以发现财产管理工作中的问题，制定相应措施，保护财产的完整和安全，保证会计资料的真实性（图 3.3）。

图 3.3　财产清查

3.1.9 会计档案管理

会计档案是单位在会计活动中形成的、并按照一定的规律保存备查的会计信息载体，是记录和反映经济业务事项的重要史料和证据(图3.4)。

1. 会计档案的归档和移交

各单位每年形成的会计档案，应由单位会计部门按照归档要求负责整理立卷或装订。当年形成的会计档案在会计年度终了后，可暂由本单位会计部门保管一年。保管期满之后，原则上应由会计部门编制清册，移交本单位的档案部门保管；未设立档案部门的，应当在会计部门内部指定专人保管。

2. 会计档案的保管期限

不同的会计档案发挥作用的时间是不一样的。因此，根据其特点，会计档案的保管期限分为永久、定期两类，其中定期保管期限又分为3年、5年、10年、15年和25年五类。会计档案的保管期限，从会计年度终了后的第一天算起。各类会计档案的保管期限是由国家总结历年经验，颁布《会计档案管理办法》加以统一规定的，各单位不得擅自变更。

图3.4 会计档案

问题研讨

会计档案中会计凭证类的保管期限是15年。那么，2007年1月份的会计凭证何年何月何日保管期满？

适时穿插

会计档案的销毁有一套基本程序和要求：

编造会计档案销毁册；单位负责人签署意见；专人负责监销；不得销毁的会计档案抽出单独保管。

3.2 会计监督

案例评析

扭亏为盈

【背景资料】

2006年12月，讯达公司面临亏损，公司总经理电话请示出差在外的董事长。董事长指示把财务会计报告做得“漂亮”一些，于是，总经理把这项工作交给公司总会计师，要求按董事长的意见办。总会计师按领导意图，对年度财务会计报告进行了技术处理，从而使公司报表“扭亏为盈”。经诚信会计师事务所审计后，公司财务会计报告对外报出。次年4月，当地财政部门在执法检查中发现了这一重大会计作假行为，依据《会计法》及相关法规，拟对该公司董事长、总经理、总会计师等相关人员进行行政处罚，并分别下达了行政处罚告知书。该公司相关人员接到行政处罚告知书后，均要求举行听证会。在听证会上，有关当事人作了如下陈述：

董事长称：我前一段时间出差在外，对公司情况不太了解，虽在财务会计报告上签名并盖章，但只是履行会计手续，我不能负任何责任。具体情况可由公司总经理予以说明。

总经理称：我是搞技术出身的，主要抓公司的生产经营，对会计我是门外汉，我虽在财务会计报告上签名并盖章，那也只是履行程序而已。以前也是这样做的，我不应承担责任，有关财务会计报告情况应由公司总会计师解释。

总会计师称：公司对外报出的财务会计报告是经过诚信会计师事务所审计的，他们出具了无保留意见的审计报告。诚信会计师事务所应对本公司财务会计报告的真实性、完整性负责，承担由此带来的一切责任。

评析解读

董事长、总经理、总会计师的陈述均不符合会计法律制度的规定。会计法律制度规定，单位负责人负责单位内部会计监督制度的组织实施，对本单位内部会计监督制度的建立及有效实施承担最终责任。因此，董事长作为单位负责人和法定代表人，应对本单位会计资料的真实性、完整性负责。虽然董事长临时出差在外，但他仍然是单位的负责人和法定代表人，仍然需要在公司年度财务会计报告上签名并盖章，并对本公司财务会计报表的真实性、完整性负责。事实上，该公司的会计造假行为是董事长授意指使的。

总经理负责单位日常经营管理活动，许多财务活动和经济业务事项是在公司总经理的指挥下进行的。总经理也是财务会计报告的责任人，应承担相应的法律责任，不能以不懂会计业务为由推脱责任。事实上，该公司总经理也参与了会计造假。

总会计师应当对财务会计报告的真实性、完整性承担相应的责任；会计师事务所应当承担相应的审计责任。

3.2.1 单位内部会计监督

会计监督是指通过由单位内部会计监督、国家会计监督和社会会计监督等，对各单位的经济活动和会计工作实行有效的监督。

单位内部会计监督，是指为了保护其资产的安全完整，保证其经营活动符合国家法律、法规和内部制度的规定，提高经营管理水平和效率，而在单位内部采取的一系列相互制约、相互监督的制度和方法。

单位内部会计监督围绕本单位经营管理目标，根据单位类型和规模，建立健全内部会计监督制度和内部制约机制，对本单位经济活动进行控制。

1．单位内部会计监督的主体和对象

监督主体和监督对象是指由谁和对什么实行监督。《会计基础工作规范》规定："各单位的会计机构、会计人员对本单位的经济活动进行会计监督。"即：单位内部监督主体是会计机构、会计人员；监督对象是本单位的经济活动。

单位负责人负责单位内部会计监督制度的组织实施，对本单位内部会计监督制度的建立及有效实施承担最终责任。

2．单位内部会计监督制度的基本要求

各单位应当建立、健全内部会计监督制度和内部控制制度。其基本要求如下：

- 记账人员与经济业务事项或会计事项的审批人员、经办人员、财物保管人员的职责权限应当明确，并相互分离、相互制约；
- 重大对外投资、资产处置、资金调度和其他重要经济业务事项的决策和执行的相互监督、相互制约的程序应当明确；
- 财产清查的范围、期限和组织程序应当明确；
- 对会计资料定期进行内部审计的办法和程序应当明确。

3．会计机构和会计人员在单位内部会计监督中的职权

- 对违反《会计法》和国家统一的会计制度规定的会计事项，有权拒绝办理或者按照职权予以纠正；
- 发现会计账簿记录与实物、款项及有关资料不相符的，按照国家统一的会计制度的规定有权自行处理的，应当及时处理；无权处理的，应当立即向单位负责人报告，请求查明原因，做出处理。

3.2.2 会计工作的政府监督

会计工作的政府监督是指国家有关职能部门对有关单位的会计资料实施的监督检查，以及对发现的违法会计行为实施行政处罚，是一种外部监督。

会计工作的政府监督也叫国家监督，具有强制性和无偿性的特点。《会计法》对会计工作的政府监督做出了规定，财政部颁布的《财政部门实施会计监督办法》，对会计工作的政府监督做出了详尽规定。

1．政府监督的主体

财政部门是《会计法》的执行主体，是会计工作的政府监督实施主体。具体地讲，县级以上人民政府财政部门为各单位会计工作的监督检查部门，对各单位会计工作行使监督权，对违法会计行为实施行政处罚。

根据《会计法》规定，除财政部门外，审计、税务、银行监管、证券监管、保险监管等部门依照有关法律、行政法规规定的职责和权限，也可以对有关单位的会计资料实施监督检查。如《税收征收管理法》规定，税务机关有权检查纳税人的账簿、记账凭证、报表和有关资料。

2．政府监督的对象和范围

财政部门实施会计监督的对象是各单位的会计行为，并对发现的有违法会计行为的单位和个人实施行政处罚。违法会计行为是指公民、法人和其他经济组织违反《会计法》、国家统一的会计制度、其他有关法律和行政法规的行为。

财政部门对各单位下列事项实施监督：

- 是否依法设置会计账簿；
- 会计凭证、会计账簿、财务会计报告和其他会计资料是否真实、完整；
- 会计核算是否符合《会计法》和国家统一会计制度的规定；
- 从事会计工作的人员是否具备会计从业资格。

3.2.3 会计工作的社会监督

会计工作的社会监督主要是指由注册会计师及其所在的会计师事务所依法对委托单位的经济活动进行审计、鉴证的一种监督制度。

此外，单位和个人检举违反《会计法》和国家统一的会计制度规定的行为，也属于会计工作社会监督的范畴。

1. 社会监督的主体

注册会计师及其所在的会计师事务所是会计工作社会监督的主体。

2. 注册会计师及其所在的会计师事务所业务范围

根据《注册会计师法》规定，注册会计师及其所在的会计师事务所依法承办下列审计业务：

- 审查企业会计报表，出具审计报告；
- 验证企业资本，出具验资报告；
- 办理企业合并、分立、清算事宜中的审计业务，出具有关的报告；
- 法律、行政法规规定的其他审计业务。

问题研讨

注册会计师的报考条件有哪些？

《会计法》将“会计监督”与“监督会计”写入了同一章。例如：“会计机构、会计人员对违反本法和国家统一的会计制度规定的会计事项，有权拒绝办理或者按照职权予以纠正”；“发现会计账簿记录与实物、款项及有关资料不相符的，按照国家统一的会计制度的规定有权自行处理的，应当及时处理，无权处理的，应当立即向单位负责人报告”等，属于“会计监督”，也叫单位内部监督。而财政、审计、税务、银行监管、证券监管、保险监管以及会计师事务所等部门对各会计主体的会计资料实施监督，则属于“监督会计”，也叫外部监督。

适时穿插

3.3 违规的代价

案例评析

“上梁不正下梁歪”

【背景资料】

某厂2006年度亏损30万元，会计科科长授意会计人员采取伪造会计凭证等手段调整企业的财务会计报告，将本年度利润调整为盈利20万元，并将调整后的企业财务会计报告经厂长及有关人员签名盖章后向有关单位报送。试分析：该厂厂长对授意造假的行为是否承担法律责任？相关人员是否承担法律责任？

评析解读

该厂厂长应承担法律责任。《会计法》第四十五条规定：授意、指使、强令会计机构、会计人员及其他人员伪造、变造会计凭证、会计账簿，编制虚假财务会计报告或者隐匿、故意销毁依法应当保存的会计凭证、会计账簿、财务会计报告，构成犯罪的，依法追究刑事责任；尚不构成犯罪的，可以处5 000元以上5万元以下的罚款；属于国家工作人员的，还应当由其所在单位或者有关单位依法给予降级、撤职、开除的行政处分。会计科科长及相关人员也要承担连带责任。

3.3.1 违反会计法律制度的法律责任

违规的代价即违法责任。违法责任有民事责任、行政责任、刑事责任三大类别。违反会计法律制度的法律责任主要是行政责任和刑事责任。违反会计法律制度的法律责任的类别如图3.5所示。

违反会计法律制度的法律责任
- 行政责任
  - 行政处分 —— 警告、记过、记大过、降级、撤职、开除
  - 行政处罚 —— 警告，罚款，没收违法所得，责令停产停业，暂扣或者吊销许可证、执照，行政拘留
- 刑事责任
  - 主刑 —— 管制、拘役、有期徒刑、无期徒刑、死刑
  - 附加刑 —— 罚金、剥夺政治权利、没收财产

图3.5 违反会计法律制度的法律责任

1. 行政责任

行政责任，又称行政制裁，是指行为人因实施行政法律规范所禁止的行为而产生的行政上的法律后果。

行政责任的形式有两种，即行政处分和行政处罚。

行政处分是指国家行政机关对国家工作人员犯有轻微违法失职行为但尚不够行政处罚的所属人员给予的一种制裁，有时也叫纪律处分。

行政处罚是指国家有关机关依法给予犯有违法行为尚不构成犯罪或者虽构成犯罪，但尚不够刑事处罚的公民、法人或其他组织的一种制裁。

2. 刑事责任

刑事责任是指犯罪主体实施了刑事法律规范禁止的行为所必须承担的刑事法律责任。

根据我国《刑法》规定，刑罚分为主刑和附加刑。

3.3.2 各种会计违法行为及其法律责任

各种会计违法行为及其法律责任如表 3.1 所示。

表 3.1 各种会计违法行为及其法律责任

违反会计法律制度的行为	应承担的法律责任
一、违反会计制度的规定 ① 不依法设置会计账簿 ② 私设会计账簿 ③ 未按规定填制、取得原始凭证或填制、取得的原始凭证不符合规定 ④ 以未经审核的会计凭证为依据登记会计账簿或者登记会计账簿不符合规定 ⑤ 随意变更会计处理方法 ⑥ 向不同的会计资料使用者提供财务会计报告编制依据不一致 ⑦ 未按规定使用会计记录文字或记账本位币 ⑧ 未按规定保管会计资料，致使会计资料毁损、灭失 ⑨ 未按规定建立并实施单位内部会计监督制度或拒绝依法实施的监督或者不如实提供有关会计资料及有关情况 ⑩ 任用会计人员不符合《会计法》规定	由县级以上人民政府财政部门责令限期改正，可以对单位并处 3 000 元以上 5 万元以下的罚款；对其直接负责的主管人员和其他直接责任人员，可以处 2 000 元以上 2 万元以下的罚款；属于国家工作人员的，还应当视情节轻重，由其所在单位或者有关单位依法给予行政处分；情节严重的，吊销会计从业资格证书；构成犯罪的，依法追究刑事责任

续表

违反会计法律制度的行为	应承担的法律责任
二、伪造、变造会计凭证、会计账簿，编制虚假财务会计报告	构成犯罪的，依法追究刑事责任；尚不构成犯罪的，由县级以上人民政府财政部门予以通报，可以对单位并处 5 000 元以上 10 万元以下的罚款；对其直接负责的主管人员和其他直接责任人员，可以处 3 000 元以上 5 万元以下的罚款；属于国家工作人员的，还应当由其所在单位或者有关单位依法给予撤职直至开除的行政处分；对其中的会计人员，由县级以上人民政府财政部门吊销会计从业资格证书
三、隐匿、故意销毁依法应保存的会计凭证、会计账簿、财务会计报告	构成犯罪的，依法追究刑事责任；尚不构成犯罪的，由县级以上人民政府财政部门予以通报，可以对单位并处 5 000 元以上 10 万元以下的罚款；对其直接负责的主管人员和其他直接责任人员，可以处 3 000 元以上 5 万元以下的罚款；属于国家工作人员的，还应当由其所在单位或者有关单位依法给予撤职直至开除的行政处分；对其中的会计人员，由县级以上人民政府部门吊销会计从业资格证书
四、授意、指使、强令会计机构、会计人员及其他人员伪造、变造会计凭证、会计账簿，编制虚假财务会计报告或者隐匿、故意销毁依法应保存的会计资料	构成犯罪的，依法追究刑事责任；尚不构成犯罪的，可以处 5 000 元以上 5 万元以下的罚款；属于国家工作人员的，还应当由其所在单位或者有关单位依法给予降级、撤职、开除的行政处分
五、单位负责人对依法履行职责、抵制违反《会计法》规定行为的会计人员以降级、撤职、调离工作岗位、解聘或者开除等方式实行打击报复的	构成犯罪的，依法追究刑事责任；尚不构成犯罪的，由其所在单位或者有关单位依法给予行政处分
六、将检举人姓名和检举材料转给被检举单位和被检举个人	由所在单位或者有关单位依法给予相应的行政处分

法律对个人的限制较之对国家行政机构的限制有什么不同？

日前，南京市某会计师事务所注册会计师张忠仁被江苏泰兴市法院以“出具证明文件重大失实罪”判处罚金 1 万元。张忠仁身为注册会计师，竟在验资审核中“走过场”，出具严重失实的验资报告，导致齐齐哈尔第二制药有限公司假药案嫌疑人王桂平的“空壳”公司得以注册，从而为王桂平销售假药原料提供了条件。

——中国税网　2006－12－13

适时穿插

自我测试

一、单项选择题（在题后的四个备选答案中，选出正确的答案填入题干后面的括号中）

1．企业取得的原始凭证金额有误的，可以采取的措施是（　　）。

A．在原始凭证上更正　　B．由本单位重新开具

C．由出具单位重开　　D．可以直接按照真实的金额入账

2．李某受单位领导委派赴上海出差，途中将武汉至上海的火车票遗失，无法报账。请问下列处理方法正确的是（　　）。

A．售票单位开具证明，加盖公章，李某单位会计科科长和单位领导批准后，代作原始凭证

B．李某写出书面报告，说明情况，本单位会计机构负责人和单位负责人批准后，代作原始凭证

C．售票单位开具证明，并经售票单位会计机构负责人和单位负责人批准后，代作原始凭证

D．由李某写出详细情况，加盖售票单位公章，经本单位会计机构负责人和单位负责人批准后，代作原始凭证

3．《会计法》要求有关人员在对外提供的财务报告上（　　）。

A．只签名不盖章　　B．只盖章不签名

C．签名或盖章　　D．签名并盖章

4．某企业会计人员审核一张购买材料的原始凭证时，发现凭证上的单价和金额数字有涂改痕迹，且材料单价也明显高于市场价格。该凭证应属于（　　）。

A．不真实的原始凭证　　B．不合法的原始凭证

C．不准确的原始凭证　　D．不完整的原始凭证

5．根据《会计档案管理办法》，下列保管期满的会计档案可以销毁的是（　　）。

A．年度现金流量表　　B．未结清的债权债务原始凭证

C．外来原始凭证　　D．正在建设期间的建设单位的会计档案

6．会计账簿应当（　　）登记。

A．隔页　　B．跳行

C．缺号　　D．顺序

7．会计核算最基本的质量要求是（　　）。

A．真实性　　B．准确性

C．完整性　　D．合法性

8．会计机构和会计人员对不真实、不合法的原始凭证应当采取的处理方法是（　　）。

A．不予受理　　B．不予受理并向单位负责人报告

C．予以退回，要求更正、补充　　D．也可根据情况予以接受

9．甲公司和乙公司共同向丙公司支付了50万元款项，丙公司只开出一张发票交给甲公司保存，如果乙公司要依法记账，应当采取的做法是（　　）。

A．甲公司记账后再将发票原件交乙公司记账

B．甲公司保存发票原件，并向乙公司出具发票复印件作为其记账依据

C. 由丙公司向乙公司出具发票的复印件作为其记账依据

D. 由甲公司保存发票原件，并向乙公司开出原始凭证分割单作为记账依据

10. 原始凭证开具单位，对填制有误的原始凭证应当（　　）。

A. 涂改　　B. 更正

C. 重开　　D. 更正或重开

11. 有关会计制度规定，在（　　）之前必须进行财产清查。

A. 单位负责人调离　　B. 编制年度财务会计报告

C. 编制财务会计报告　　D. 会计主管调离

12.《会计法》所称的内部会计监督的对象是指（　　）。

A. 本单位的经济业务活动　　B. 会计机构和会计人员

C. 政府财政部门　　D. 内部的审计活动

13. 对于伪造、变造会计凭证、会计账簿或者编制虚假财务会计报告的行为，尚不构成犯罪的，县级以上人民政府财政部门予以通报，可以对单位并处（　　）的罚款。

A. 2 000 元以上 2 万元以下　　B. 3 000 元以上 5 万元以下

C. 5 000 元以上 10 万元以下　　D. 5 000 元以上 5 万元以下

14. 某职工到北京出差，实际支付住宿费 1 100 元，却开出 2 400 元的发票到单位报销，后被查出。应给这一职工的处罚是通报，并处（　　）。

A. 3 000 元以上 5 万元以下罚款　　B. 5 000 元以上 1 万元以下罚款

C. 3 000 元以上 2 万元以下罚款　　D. 5 000 元以上 10 万元以下罚款

二、多项选择题（在题后的四个备选答案中，选出 2 至 4 个正确的答案填入题干后面的括号中）

1. 单位发生的下列活动属于会计核算内容的有（　　）。

A. 款项和有价证券的收付　　B. 资本、基金的增减

C. 财务成果的计算和处理　　D. 会计人员的任用

2. 下列属于原始凭证的是（　　）。

A. 领料单　　B. 入库单

C. 发票　　D. 结算证

3. 在我国，下列年度采取公历制，即以每年的 1 月 1 日至 12 月 31 日为一个年度的是（　　）。

A. 计划年度　　B. 会计年度

C. 财政年度　　D. 领导人的任职年度

4. 根据《会计法》的规定，企业的下列人员中，应当在财务会计报告上签名并盖章的有（　　）。

A. 单位负责人　　B. 会计主管人员

C. 会计机构负责人　　D. 总会计师

5. 下列属于不依法设置会计账簿的行为的是（　　）。

A. 应当设置而不设置会计账簿

B. 在私设的会计账簿中进行会计核算

C. 设置的会计账簿在种类、形式及要求上不符合规定

D. 设置的会计账簿的页数不够

6. 下列属于单位负责人在会计监督中的职责的是(　　　)。

A. 保证会计机构、会计人员依法履行职责

B. 监督会计人员做一个合法公民

C. 不授意会计机构、会计人员违法办理会计事务

D. 保证内部会计监督制度的建立健全并发挥作用

7. 根据《会计法》规定,不能作为会计工作政府监督的主体是(　　　)。

A. 财政、税务、审计机关

B. 注册会计师及其会计师事务所

C. 本单位的会计机构和会计人员

D. 本单位的内部审计机构及其人员

8. 根据《会计法》的规定,下列选项中,属于会计人员职权的有(　　　)。

A. 对不真实的原始凭证不予受理

B. 对伪造财务会计报告的行为进行制止和纠正

C. 对审批手续不全的财务收支退回并要求补正或者更正

D. 对单位制定的预算、财务计划执行情况进行监督

9. 根据我国有关法律的规定,国有企业的出纳人员应当符合下列要求:(　　　)。

A. 须取得会计师专业技术资格

B. 不得兼管稽核工作和会计档案保管工作

C. 不得兼管收入、费用、债权债务账目的登记工作

D. 不得由会计机构负责人或会计主管人员的直系亲属担任

10. 注册会计师及会计师事务所的下列行为,不合法的有(　　　)。

A. 注册会计师王某因业务精湛,同时在甲、乙两个会计师事务所执业

B. 注册会计师甲在对乙公司进行执行审计业务期间,在证券市场购买了乙公司的股票

C. 经集体研究决定,在不损害各方利益的前提下,甲会计师事务所允许乙会计师事务所以本所名义承办业务

D. 甲会计师事务所未经批准设立分所

11. 在下列行为中,尚不构成犯罪的,可对单位处以 3 000 元以上 5 万元以下罚款的违法行为有(　　　)。

A. 随意变更会计处理方法

B. 未按规定使用会计记录文字

C. 以未经审核的会计凭证为依据登记会计账簿

D. 未按照规定建立并实施单位内部监督制度

12. 下列行为中属于违反《会计法》的有(　　　)。

A. 随意变更会计处理方法的行为

B. 私设会计账簿的行为

C. 不依法设置会计账簿的行为

D. 任用不具有会计从业资格的人员从事会计工作

13. 下列属于变造会计凭证、会计账簿行为的有（　　）。

A. 涂改　　B. 挖补

C. 变造假工资表　　D. 拼接

三、判断题（判断下列观点的正误，对的在括号中打"√"，错的打"×"）

1. 在我国，只能以人民币作为记账本位币。（　　）

2. 在编制年度财务会计报告之前，必须进行财产清查。（　　）

3. 变造会计凭证的行为是指以涂改、挖补等方法，改变会计凭证真实内容的行为。（　　）

4. 在我国，业务收支以外币为主的单位，可以选定其中一种外币作为记账本位币，但编制的财务会计报告应当折算为人民币。（　　）

5. 原始凭证记账的各项内容均不得涂改。原始凭证金额有错误的，应当由出具单位重开或者更正，更正处应当加盖出具单位印章。（　　）

6. 会计档案原件原则上不得借出，如有特殊需要，须经本单位负责人批准，在不拆散原卷册的前提下，可以提供查阅或者复制，并办理登记手续。（　　）

7. 对于保管期满的原始凭证，可以销毁。（　　）

8. 当年形成的会计档案在会计年度终了后，可暂由本单位会计部门保管一年。（　　）

9. 各单位发生的各项经济业务事项应当统一进行会计核算，不得违反规定私设会计账簿进行登记、核算。（　　）

10. 我国会计资料最基本的质量要求是合法性和准确性。（　　）

11. 公司可以根据不同报表使用者的需要采取不同的编制基础、编制依据、编制原则和编制方法，分别编制并提供财务会计报告。（　　）

12. 单位内部会计监督的主体是该单位的会计机构和会计人员。（　　）

13. 记账人员与经济业务和会计事项的审批人员、经办人员、财务保管人员的职责权限应当明确，并相互分离、相互制约。（　　）

14. 会计工作的政府监督是一种外部监督，具有强制性和无偿性。（　　）

15. 会计工作政府监督的对象是国有企事业单位的会计行为。（　　）

16. 会计机构和会计人员在监督过程中发现会计账簿记录与事物、款项不符的，应当立即向单位负责人报告，不得自行处理。（　　）

17. 会计机构和会计人员对于违反《会计法》和国家统一的会计制度规定的会计事项，只能拒绝办理。（　　）

18. 所有违反《会计法》及相关法律、行政法规规定的行为都应当承担相应的法律责任。（　　）

19. 隐匿或故意销毁依法应当保存的会计资料，情节严重的，处5年以下有期徒刑或者拘役，并处5万元以上50万元以下罚金。（　　）

四、思考拓展

1. 在我国，《会计法》已经实施了二十多年，为什么会计造假行为仍然普遍？为什么我们很少听到因违背《会计法》而受到法律制裁的事例？

2. 是做真账容易还是做假账容易？如果你是会计人员，单位领导要你做假账，怎么办？

3. 谁是会计信息的使用者？会计信息使用者需要什么样的信息？如何提供这些信息？怎样保证会计信息的质量？

五、案例分析

1. 2006 年 12 月 10 日，某厂从现金收入中直接支取 5 万元用于职工福利，会计科科长吴某当时曾口头向厂长反映这样做不妥，但厂长仍要求其办理，吴某照办。

请分析：吴某的处理是否正确？

2. 某厂 2006 年 5 月聘请了一名会计人员小黄，年底检查工作发现，小黄一直用圆珠笔登记现金日记账和银行存款日记账，同时还发现现金日记账缺页，原来小黄在登记时，因疏忽隔了一页，小黄将该页撕去，将原记录重抄一遍，然后紧接其后登记。

请分析：该案例中小黄的做法有什么问题？

3. 2006 年 3 月，某市财政局派出检查组对市属某国有企业的会计工作进行检查。检查中了解到该企业的如下情况：

该企业有一批保管期满的会计档案，按规定需要销毁。企业档案管理部门编制了会计档案销毁清册，档案管理部门的负责人在会计档案销毁清册上签了名，并于当天销毁。销毁的会计档案中有一张未结清债权债务的原始凭证，会计人员李某认为只要保管期满的会计档案就可以销毁，销毁后未履行任何手续。

检查人员在对会计报表进行审计时，为核实一笔长期挂账的应付款，需要查阅以前年度的会计资料，但该公司以会计资料已经归档、由专人保管为借口拒绝审计人员查阅。

2005 年末，由于产品滞销状况仍无根本改变，亏损已成定局，厂长指使会计科在会计报表上做一些“技术处理”，确保“实现”年初定下的盈利目标。会计科遵照办理，为了做到“心中有数”，设置大小两套账，大账对外，小账对内。

请分析：该企业存在哪些违反法律规定之处？并说明理由。

第2单元

支付结算法律制度

内容提要

支付结算法律制度在财经法规制度中占有重要的地位。会计的日常核算工作离不开支付,支付结算工作亦体现了会计人员的职业道德。随着社会主义市场经济体制的建立和完善,单位与单位之间、单位与个人之间、个人与个人之间的经济往来日益频繁,对资金到账的及时性、安全性提出了更高的要求,同时安全、快捷的支付结算又可以促进社会经济的发展。

本单元从支付结算入手,主要介绍支付结算的内涵,办理支付结算和填写票据、结算凭证的基本要求,银行结算账户的种类及其开户、变更与撤销,票据结算的理解以及银行汇票和支票的相关知识。

学习本单元,旨在使会计人员明确支付结算是社会经济、金融活动的重要组成部分,其主要功能是实现资金从当事人一方向另一方的转移;明确在支付结算体系中开立银行结算账户的必要性,正确地选择、使用和管理好银行结算票据;会计人员应结合工作的实际情况按《支付结算办法》的有关规定进行支付结算。

4 支付结算

学习目标

- 知晓支付结算的含义,能够区分各种支付结算,明确如何办理支付结算
- 掌握办理支付结算的有关要求,能够正确填写票据和结算凭证,熟练办理支付结算

生活中我们离不开支付。无论是个人行为还是集体行为,只要发生经济活动,就会存在支付结算。

4.1 关于支付结算

案例评析

“摩登一族”

【背景资料】

王丽是一个时尚的女孩,一天午休,她在麦当劳以现金买了一份套餐,吃后又在步行街的专卖店看中了一件外衣,她掏出钱包,在众多的银行卡中取出一张划卡付账,然后满意地离去。她回到单位高兴地对同事说,幸好专卖店能划卡,否则像她这样的“摩登一族”得带大量的现金逛街,或用卡取现金购物真麻烦!

评析解读

无论是支付现金还是划卡付账都是一种支付结算方式。但是,现代经济生活中,传统的现金支付结算方式的缺陷日益突出,非现金结算方式无疑成为一种很好的补充。

4.1.1 认识支付结算

支付结算与一般的货币给付行为不同,必须通过法定的中介机构进行。《支付结算办法》规定,银行是支付结算和资金清算的中介机构。

支付结算是指单位和个人,在社会经济活动中使用票据、汇兑、委托收款、银行卡等方式进行货币给付及资金清算的法律行为。

支付结算的主要功能是完成资金从一方当事人向另一方当事人的转移。

4.1.2 支付结算的基本原则

支付结算的基本原则如下:

- 恪守信用、履约付款原则。
- 谁的钱进谁的账、由谁支配原则。
- 银行不垫款原则。

4.1.3 支付结算的种类

按照不同的标准,支付结算可分为不同的类别。

1. 依结算采用的形式划分

依结算采用的形式不同,支付结算可分为现金结算和非现金结算两种。

2. 依结算采用的工具划分

依结算采用的工具不同,支付结算可分为票据结算和非票据结算两类。

问题研讨

哪些支付结算可以用现金进行?

依结算采用的形式不同,结算可分为现金结算和非现金结算两种。

现金结算是指当事人直接用现金进行货币收付,了结其债权债务的行为。在我国,现金结算受现金管理制度的制约,限于个人之间和单位结算起点(人民币 1 000 元)以下的零星收支以及单位对个人的有关开支。非现金结算是指当事人通过银行将款项从付款单位的账户划转到收款单位的账户来完成货币收付以结清债权债务的行为,又称为转账结算或银行结算。在我国,单位之间的往来超过结算起点以上的,一律通过转账结算。

适时穿插

4.2 办理支付结算

案例评析

"因小失大"

【背景资料】

2005 年 12 月,某市公安局接到 WH 公司报案,称 WH 公司查账时发现,2005 年 8 月付与

GZ 公司的一张 20 400 元的转账支票，却被提走了 920 400 元。接报后，公安机关经分析，认为 GZ 公司王某有重大作案嫌疑。经查，2005 年 8 月，GZ 公司王某为受害单位进行设备维修，工程结束后收到 WH 公司转账支票一张。王某见支票上只有小写金额，遂将小写金额前加个“9”，自己再填上大写金额，从而顺利地将款项划到自己账下。

评析解读

根据《支付结算办法》的规定，票据和结算凭证金额以中文大写和阿拉伯数码必须同时记载，且两者必须一致。本例中，GZ 公司王某得逞的主要原因是 WH 公司未严格按照关于填写票据和结算凭证的基本规定同时填写中文大写金额和阿拉伯数字小写金额，以及阿拉伯小写金额数字前面未填写人民币符号，从而给 GZ 公司王某留下了可乘之机。

4.2.1 办理支付结算时怎么做

1. 支付结算凭证必须合法

单位、个人和银行办理支付结算，必须使用按中国人民银行统一规定印制的票据凭证和统一规定的结算凭证。

2. 账户的开立和使用必须合法

单位、个人和银行应当按照《人民币银行结算账户管理办法》的规定开立、使用账户（图 4.1）。

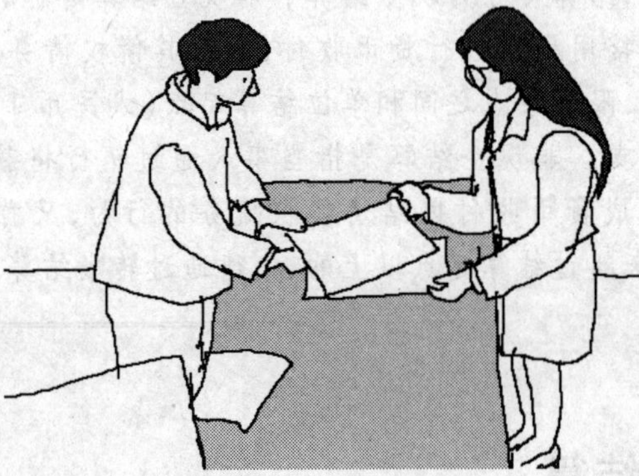

图 4.1 办理支付结算业务

3. 支付结算凭证的记载事项必须真实、合法

票据和结算凭证上的签章和其他记载事项应当真实，不得伪造、变造。

4. 支付结算凭证的填写应当规范

填写票据和结算凭证应当规范，做到要素齐全，数字正确，字迹清晰，不错不漏，不潦草，防止涂改（图 4.2）。

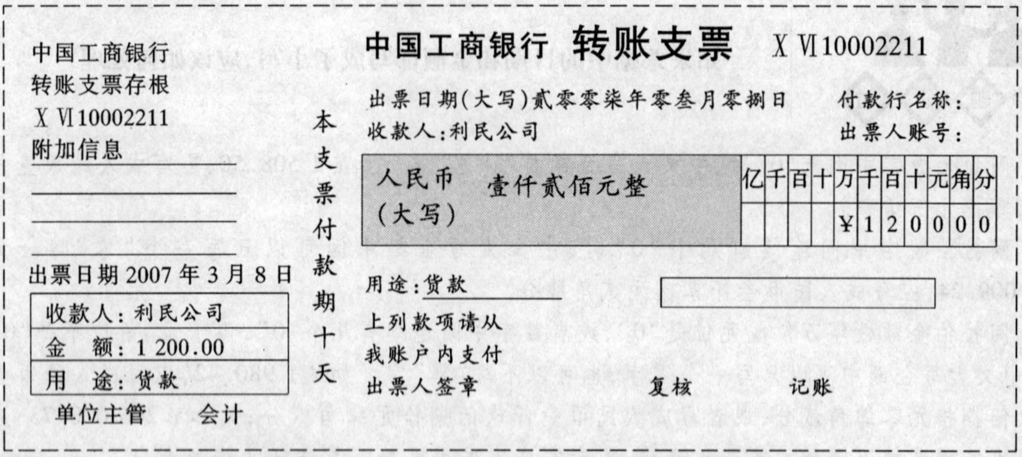
中国工商银行
转账支票存根
X Ⅵ10002211
附加信息

出票日期 2007 年 3 月 8 日

收款人：利民公司
金　额：1 200.00
用　途：货款

单位主管　　会计

本支票付款期十天

中国工商银行　转账支票　X Ⅵ10002211

出票日期(大写)贰零零柒年零叁月零捌日　　付款行名称：
收款人：利民公司　　出票人账号：

人民币(大写)	壹仟贰佰元整	亿	千	百	十	万	千	百	十	元	角	分
							¥	1	2	0	0	0	0

用途：货款
上列款项请从
我账户内支付
出票人签章　　复核　　记账

图 4.2　现金支票的填制

4.2.2　票据和结算凭证如何填

票据和结算凭证是银行、单位和个人凭以记账的会计凭证，是记载经济业务和明确经济责任的一种书面证明。

票据和结算凭证是办理支付结算和现金收付的重要依据，直接关系到支付结算的准确、及时和安全。因此，票据和结算凭证的填写，须做到标准化、规范化。

1. 中文大写金额的书写

中文大写金额数字应用正楷或行书填写，不得自造简化字。如果金额数字书写中使用繁体字，也应受理。

中文大写金额数字到“元”为止的，在“元”之后，应写“整”(或“正”)；大写金额数字到“角”为止的，在“角”之后可以不写“整”(或“正”字)；大写金额数字有“分”的，“分”后面不写“整”(或“正”字)。

中文大写金额数字前应标明“人民币”字样，大写金额数字应紧接“人民币”字样填写，不得留有空白。大写金额数字前未印“人民币”字样的，应加填“人民币”三字。

2. 阿拉伯小写金额数字的书写

阿拉伯小写金额数字中有“0”时，中文大写应按照汉语语言规律、金额数字构成和防止涂改的要求进行书写。

3. 填制票据和凭证出票日期的书写

票据的出票日期必须使用中文大写。为防止变造票据的出票日期，在填写月、日时，月为壹、贰和壹拾的，日为壹至玖和壹拾、贰拾和叁拾的，应在其前加“零”；日为拾壹至拾玖的，应在其前面加“壹”。如 1 月 15 日，应写成零壹月壹拾伍日；10 月 20 日，应写成零壹拾月零贰拾日。

票据出票日期使用小写填写的，银行不予受理。大写日期未按要求规范填写的，银行可予受理，但由此造成损失的，由出票人自行承担。

如果票据中的日期和金额都写成了小写，应该如何处理？

问题研讨

阿拉伯数字中间有“0”时，中文大写金额要写“零”字。如￥1 508.50，应写成人民币壹仟伍佰零捌元伍角整。

阿拉伯数字中间连续有几个“0”时，中文大写金额中间可以只写一个“零”字。如￥3 009.24，应写成人民币叁仟零玖元贰角肆分。

阿拉伯金额数字万位或元位是“0”，或者数字中间连续有几个“0”，但千位、角位不是“0”时，中文大写金额中可以只写一个零字，也可以不写“零”字。如￥1 980.42，应写成人民币壹仟玖佰捌拾元零肆角贰分，或者写成人民币壹仟玖佰捌拾元肆角贰分；又如￥206 000.73，应写成人民币贰拾万陆仟元零柒角叁分，或者写成人民币贰拾万零陆仟元柒角叁分。

阿拉伯金额数字角位是“0”，而分位不是“0”时，中文大写金额“元”后面应写“零”字。如￥108.02，应写成人民币壹佰零捌元零贰分。

适时穿插

自我测试

一、单项选择题（在题后的四个备选答案中，选出正确的答案填入题干后面的括号中）

1. 下列不符合支付结算特征的是(　　)。

A. 中国人民银行批准的金融机构是支付结算的法定主体

B. 支付结算必须严格依法进行

C. 支付结算一定是以票据进行

D. 支付结算必须依照委托人的意志进行

2. 下列将小写￥1 990.62 书写正确的大写是(　　)。

A. 人民币壹仟玖佰玖拾元零陆角贰分

B. 壹仟玖佰玖拾元零陆角贰分

C. 壹仟玖佰玖拾元零陆角贰分整

D. 人民币壹仟玖佰玖拾元零陆角贰分整

3. 下列票据的出票日期 2005 年 10 月 17 日书写正确的是(　　)。

A. 贰零零伍年零拾月拾柒日

B. 贰零零伍年零壹拾月壹拾柒日

C. 贰零零伍年零壹拾月拾柒日

D. 贰零零伍年壹拾月壹拾柒日

4. 下列不属于支付结算基本原则的是(　　)。

A. 恪守信用、履约付款原则

B. 谁的钱进谁的账、由谁支配原则

C. 银行不垫款原则

D. 中文大小写应按规定书写的原则

5. 下列各项中，不符合票据和结算凭证填写要求的是(　　)。

A. 中文大写金额数字书写中使用繁体字

B. 票据的出票日期使用阿拉伯数字填写

C. 阿拉伯小写金额数字前面，均填写人民币符号

D. 将出票日期2月12日写成零贰月壹拾贰日

二、多项选择题(在题后的四个备选答案中，选出2至4个正确的答案填入题干后面的括号中)

1. 根据《支付结算办法》的规定，下列各项中，符合支付结算基本要求的有(　　)。

A. 单位、个人和银行办理支付结算，必须使用按中国人民银行统一规定印制的票据和结算凭证

B. 应当按照《人民币银行结算账户管理办法》的规定开立、使用账户

C. 票据和结算凭证上签章和其他记载事项应当真实，不得伪造、变造

D. 填写票据和结算凭证应当规范，做到要素齐全，数字正确，字迹清晰，不错不漏，不潦草，防止涂改

2. 支付结算的种类依结算采用的形式划分可分为(　　)。

A. 现金结算　　B. 非现金结算

C. 票据结算　　D. 非票据结算

3. 下列关于票据和结算凭证的大写书写正确的有(　　)。

A. ￥1 409.50，写成人民币壹仟肆佰零玖元伍角

B. ￥6 007.54，写成人民币陆仟零柒元伍角肆分

C. ￥107 000.14，写成人民币壹拾万柒元壹角肆分

D. ￥325.04，写成人民币叁佰贰拾零伍元零肆分

4. 票据上的中文大写可用(　　)。

A. 正楷　　B. 繁体

C. 行书　　D. 简化字

5. 下列各项中，表述正确的有(　　)。

A. 票据中的中文大写金额数字应用正楷或行书填写

B. 票据中的中文大写金额数字前应标明“人民币”字样

C. 票据的出票日期可以使用小写填写

D. 票据中的中文大写金额数字到元为止的在元之后应写“整”字

三、判断题(判断下列观点的正误，对的在括号中打“√”，错的打“×”)

1. 支付结算是在社会经济活动中使用票据方式进行货币给付及资金清算的法律行为。(　　)

2. 支付结算必须依照委托人的意志进行。(　　)

3. 无权限人假冒他人或虚构人名义签章的行为称为变造。(　　)

4. 支付结算的基本原则之一是谁的钱进谁的账、由银行统一支配。(　　)

5. 非票据结算是客户间不需要结算凭证的一种结算。(　　)

6. 阿拉伯小写金额数字前面,均应填写人民币符号“¥”。(　　)

7. 票据出票日期使用小写,银行予以受理,但由此造成的损失由出票人自行承担。(　　)

8. 票据和结算凭证的填写,必须做到标准化、规范化。(　　)

四、思考拓展

1. 如果图4.3为你到银行或会计工作人员那里办理结算手续,有何感想?

图4.3　办理结算手续

2. A女士是一位资历较深的会计,接任某公司的主管会计工作以来,深受公司上下的尊敬。她工作认真、坚持原则、善解人意、助人为乐。公司主管财会工作的副总经理是她的顶头上司,而这位顶头上司的所作所为使她工作很被动。

她发现这位衣冠楚楚的男子喜欢贪小便宜,每次出差回来报销都拿出一些不符合报销制度的小额单据,少则几十元,多则上百元。对工作认真负责的A女士没有将这些不符合支付结算规定的单据准予报账,从而引起了副总经理对她的怨恨,带来了窘困的工作环境。

请思考:A女士如何摆脱困境,争取所需要的正常工作环境?

五、案例分析

1. E公司出纳员小李在开出转账支票时只写了小写金额15 200元,致使支票遗失时,E公司账上被划走了9 915 200元。

请分析:

- 造成E公司损失的原因是什么?
- 办理支付结算填写票据时应遵循什么要求?

2. Z女士在某超市购物,结账时取出银行卡结算时,超市以购物金额不足20元为由不予划卡结算,要求Z女士支付现金,于是Z女士与超市收银员发生了争执。

请分析:

- Z女士和超市分别要用什么方式进行支付结算?
- 超市的做法是否正确?

5 银行结算账户

学习目标

- 知晓银行结算账户的种类，能够区分不同种类的银行结算账户，并清楚各种银行结算账户的用途
- 通过案例评析，明确会计工作与银行结算的紧密联系，加深对各种结算账户的认识，细分各种银行结算账户的开立、变更和撤销。正确地选择各种结算账户，熟练地使用各种结算账户

支付结算离不开银行这个纽带，而银行要发挥其纽带作用又须建立相应的银行结算账户。利用银行结算账户进行支付结算可以减少现金支付结算所带来的麻烦。

5.1 关于银行结算账户

案例评析

用好银行结算账户

【背景资料】

H公司库存现金不足，正好D单位前来购买H公司产品，货款585 000元。付款时H公司要求其支付现金，D单位急需用货，只好用现金付清了全部货款。场景如图5.1所示。

图5.1　用现金付款

评析解读

H公司的做法严重违反了银行支付结算的有关规定。按规定,超出现金结算起点的,应使用银行转账结算方式进行支付。H公司库存现金不足,可以采取正常的支付办法弥补,如果H公司要求D单位支付现金另做其他用途,则更是错上加错(挪用现金)。买卖双方的结算应选择正确的支付手段,通过银行结算账户进行——用好银行结算账户。

5.1.1 认识银行结算账户

银行结算账户是指存款人在经办银行开立的办理资金收付结算的人民币活期存款账户。

银行结算账户是存款人与银行之间的一种法律关系,它的性质是活期存款账户,目的是办理资金收付结算。

5.1.2 银行结算账户的种类

1. 根据存款人的不同划分

银行结算账户根据存款人的不同分为个人银行结算账户和单位银行结算账户。

2. 根据银行结算账户的用途划分

银行结算账户按用途分为基本存款账户、一般存款账户、专用存款账户和临时存款账户。

根据《人民币银行结算账户管理办法》的规定,存款人开立基本存款账户、临时存款账户和预算单位开立专用存款账户实行核准制,经中国人民银行核准后由银行核发开户登记证。存款人因注册验资需要开立的临时存款账户除外。

5.1.3 银行结算账户的开立、变更和撤销

1. 银行结算账户的开立

存款人开立银行结算账户时,应填制开户申请书。银行与存款人须签订银行结算账户管理协议,明确双方的权利与义务。

银行应建立存款人预留签章卡片,并将签章式样和有关证明文件的原件或复印件留存归档。

2. 银行结算账户的变更

存款人银行结算账户有法定变更事项的,应于5日内书面通知开户银行并提供有关证明,开户银行办理变更手续并于2日内向人民银行报告。

3. 银行结算账户的撤销

银行结算账户的撤销是指存款人因开户资格或其他原因终止银行结算账户使用的行为。

银行结算账户的撤销事由包括:

- 被撤并、解散、宣告破产或关闭的;
- 注销、被吊销营业执照的;
- 因迁址需要变更开户银行的;
- 其他原因需要撤销银行结算账户的。

存款人尚未清偿其开户银行债务的，不得申请撤销银行结算账户。

问题研讨

结合图 5.2，说明没有“柜后”人员的细致工作，仅有“柜面”工作人员的接待服务，我们能利用银行结算账户顺利地进行支付结算吗？

图 5.2 银行柜后人员和柜面人员

银行结算账户的法律主体“银行”，是指在中国境内经中国人民银行批准经营支付结算业务的政策性银行、商业银行（含外资独资银行、中外合资银行、外国银行分行）、城市商业银行、城市信用社、农村信用合作社等；“存款人”是指在中国境内开立银行结算账户的机关、团体、部队、企业、事业单位、其他组织、个体工商户和自然人。

适时穿插

5.2 银行结算账户的细分

案例评析

依“法”行事

【背景资料】

2005 年 5 月 28 日，A 企业的财务人员持有关证件到甲银行营业部办理基本存款账户开立手续，甲银行工作人员审查相关证明文件之后，办理了基本存款账户开户手续。同日，该财务人员又持以上证件到乙银行要求开立一个基本存款账户，并要求与甲银行间转账。乙银行工作人员审查后，知 A 企业已在甲银行办理基本存款账户，未予办理。

评析解读

该行为不符合账户管理的规定。《人民币银行结算账户管理办法》规定，存款人开立单位银行结算账户，自正式开立之日起3个工作日后，方可办理付款业务，并且存款人只能在银行开立一个基本存款账户。本案例涉及的乙银行工作人员严格执行这一规定，是正确的。

5.2.1 基本存款账户

基本存款账户是指存款人因办理日常转账结算和现金收付而开立的银行结算账户。

1. 使用范围

基本存款账户是存款人的主要账户。该账户主要办理存款人日常经营活动的资金收付及其工资、奖金和现金的支取。

2. 开户要求

根据《人民币银行结算账户管理办法》的规定，存款人申请开立基本存款账户，应向银行出具相应证明文件，如身份证、营业执照等，并按照规定的程序办理(图5.3)。

图5.3 办理银行开户

5.2.2 一般存款账户

一般存款账户是存款人因借款或其他结算需要，在基本存款账户开户银行以外的银行营业机构开立的银行结算账户。

1. 使用范围

一般存款账户用于办理存款人借款转存、借款归还和其他结算的资金收付。该账户可以办理现金缴存，但不得办理现金支取。

2. 开户要求

根据《人民币银行结算账户管理办法》的规定，存款人申请开立一般存款账户，应向银行出具相应的证明文件。

5.2.3 专用存款账户

专用存款账户是存款人按照法律、行政法规和规章，对其特定用途资金进行专项管理和使用而开立的银行结算账户。

1. 使用范围

专用存款账户适用于基本建设资金，更新改造资金，财政预算外资金，粮、棉、油收购资金，证券交易结算资金，期货交易保证金，信托基金，住房基金，社会保障基金，收入汇缴资金，业务支出资金等专项管理和使用的资金。

2. 开户要求

根据《人民币银行结算账户管理办法》的规定，存款人申请开立专用存款账户，应向银行出具其开立基本存款账户规定的证明文件、基本存款账户开户登记证和有关证明文件。

5.2.4 临时存款账户

临时存款账户是指存款人因临时需要并在规定期限内使用而开立的银行结算账户。

1. 使用范围

临时存款账户用于办理临时机构以及存款人临时经营活动发生的资金收付。临时存款账户支取现金，应按照国家现金管理的规定办理。注册验资的临时存款账户在验资期间只收不付。临时存款账户有效期最长不得超过2年。

2. 开户要求

根据《人民币银行结算账户管理办法》的规定，存款人申请开立临时存款账户，应向银行出具相应的证明文件。

5.2.5 个人银行结算账户

个人银行结算账户是指存款人因投资、消费、结算等需要而凭个人身份证件以自然人名称开立的银行结算账户。

邮政储蓄机构办理银行卡业务开立的账户，纳入个人银行结算账户管理。自然人可根据需要申请开立个人银行结算账户，也可以在已开立的储蓄账户中选择并向开户银行申请确认为个人银行结算账户。

1. 使用范围

个人银行结算账户用于办理个人转账收付和现金支取，储蓄账户仅限于办理现金存取业务，不得办理转账结算。

2. 开户要求

使用支票、信用卡等信用支付工具的，办理汇兑、定期借记、定期贷记、借记卡等结算业务的，可以申请开立个人银行结算账户。

5.2.6 异地银行结算账户

异地银行结算账户是指存款人符合法定条件，根据需要在异地开立相应的银行结算账户。

1. 使用范围

存款人有下列情形之一的，可以在异地开立有关银行结算账户：

- 存款人营业执照注册地与经营地不在同一行政区域（跨省、市、县）需要开立基本存款账户的；
- 办理异地借款和其他结算需要开立一般存款账户的；
- 存款人因附属的非独立核算单位或派出机构发生的收入汇缴或业务支出需要开立专用存款账户的；
- 异地临时经营活动需要开立临时存款账户的；
- 自然人根据需要在异地开立个人银行结算账户的。

2. 开户要求

开立异地银行结算账户应按照规定的程序办理并提交有关证明文件。

各种银行结算账户的功用有什么不同？

银行结算账户管理的基本原则：

- 一个基本账户原则：存款人只能在银行开立一个基本存款账户，不能多头开立基本银行账户。
- 自主选择原则：存款人和银行可相互自主选择，不得强令存款人到指定银行开立银行结算账户。
- 为存款人保密原则：银行必须依法为存款人的银行结算账户信息保密。
- 依法开立和使用银行结算账户原则。

适时穿插

自我测试

一、单项选择题（在题后的四个备选答案中，选出正确的答案填入题干后面的括号中）

1. 存款人因为日常转账结算和现金收付需要而开立的银行结算账户是（　　）。

A. 一般存款账户　　B. 临时存款账户

C. 专用存款账户　　D. 基本存款账户

2. 存款人可以办理现金缴存，但不得办理现金支取的账户是（　　）。

A. 一般存款账户　　B. 基本存款账户

C. 专用存款账户　　D. 临时存款账户

3. 存款人按照法律、行政法规和规章，对其特定用途资金进行专项管理和使用而开立的银行结算账户是(　　)。

A. 一般存款账户　　B. 基本存款账户

C. 专用存款账户　　D. 临时存款账户

4. 存款人因临时需要并在规定期限内使用而开立的银行结算账户是(　　)。

A. 一般存款账户　　B. 临时存款账户

C. 专用存款账户　　D. 基本存款账户

5. 中国邮政储蓄银行办理银行卡业务开立的账户属于(　　)。

A. 单位银行结算账户　　B. 个人结算账户

C. 基本账户　　D. 一般存款账户

6. 临时存款账户最长有效期不得超过(　　)。

A. 1年　　B. 2年

C. 3年　　D. 5年

7. 下列可用于支付工资及奖金的账户是(　　)。

A. 基本存款账户　　B. 一般存款账户

C. 临时存款账户　　D. 专用存款账户

8. 下列不属于银行结算账户的是(　　)。

A 一般存款账户　　B. 基本存款账户

C. 特殊存款账户　　D. 临时存款账户

9. 存款人开立单位银行结算账户，自正式开立之日起(　　)个工作日后，方可使用该账户办理付款业务。

A. 2　　B. 3

C. 5　　D. 7

10. 自然人因投资、消费、结算等而开立的可办理支付结算业务的存款账户称为(　　)。

A. 临时存款账户　　B. 个人银行结算账户

C. 专用存款账户　　D. 一般存款账户

二、多项选择题(在题后的四个备选答案中，选出2至4个正确的答案填入题干后面的括号中)

1. 银行结算账户管理的基本原则是(　　)。

A. 多个基本账户原则　　B. 自主选择原则

C. 为存款人保密原则　　D. 依法开立和使用银行结算账户原则

2. 单位银行结算账户按用途不同，可分为(　　)。

A. 基本存款账户　　B. 一般存款账户

C. 专用存款账户　　D. 临时存款账户

3. 下列各项中，属于办理支付结算主体的有(　　)。

A. 城市使用合作社　　B. 农村信用合作社

C. 单位　　D. 个体工商户

4. 下列关于支付结算的各项表述中，符合规定的有（　　）。

A. 银行账户分为基本存款账户、一般存款账户、临时存款账户和专业存款账户

B. 存款人只能选择一家银行的一个营业机构开立一个基本存款账户

C. 存款人可以通过基本存款账户办理工资、奖金等现金的支取

D. 存款人可以通过一般存款账户办理工资、奖金等现金的支取

5. 根据《人民币银行结算账户管理办法》的规定，发生下列事由之一的，存款人应向开户银行提出撤销银行结算账户的申请：（　　）。

A. 被撤并、解散、宣告破产或关闭的　　B. 注销、被吊销营业执照的

C. 单位法定代表人被撤销的　　D. 因迁址需要变更开户银行的

6. 根据《人民币银行结算账户管理办法》的规定，下列各项中，可以申请开立基本存款账户的有（　　）。

A. 机关、事业单位　　B. 社会团体

C. 个体工商户　　D. 居民委员会、村民委员会、社区委员会

7. 根据《人民币银行结算账户管理办法》的规定，对下列资金的管理与使用，存款人可以申请开立专用存款账户的是（　　）。

A. 证券交易结算资金　　B. 粮、棉、油收购资金

C. 期货交易保证金　　D. 注册验资

8. 根据《人民币银行结算账户管理办法》的规定，存款人有下列情况的，可以申请开立个人银行结算账户：（　　）。

A. 使用支票、信用卡等信用支付工具的

B. 办理汇兑、定期借记、定期贷记、借记卡等结算业务的

C. 个人证券交易结算资金

D. 住房公积金

9. 根据《人民币银行结算账户管理办法》的规定，存款人有下列情形之一的，可以在异地开立有关银行结算账户：（　　）。

A. 营业执照注册地与经营地不在同一行政区域（跨省、市、县）需要开立基本存款账户的

B. 办理异地借款和其他结算需要开立一般存款账户的

C. 存款人因附属的非独立核算单位或派出机构发生的收入汇缴或业务支出需要开立专用存款账户的

D. 异地临时经营活动需要开立临时存款账户的

三、**判断题**（判断下列观点的正误，对的在括号中打"√"，错的打"×"）

1. 银行结算账户是指存款人在经办银行开立的办理资金收付结算的活期存款账户。（　　）

2. 中国邮政储蓄银行办理银行卡业务开立的账户纳入个人银行结算账户管理。（　　）

3. 存款人申请开立一般存款账户无数量限制。（　　）

4. 中国居民的居民身份证或临时身份证是开立个人银行结算账户所需的证明文件。（　　）

5. 基本存款账户的存款人可以通过本账户办理转账结算和现金缴存，但不得办理现金的支

取。(　　)

四、思考拓展

1. T公司与W公司的负责人私交很好。T公司出现资金周转困难,该公司负责人请W公司负责人将其一般存款账户借给T公司使用,或者双方在无交易事项的情况下,将W公司的资金划到T公司基本存款账户,借给T公司使用,日后加息偿还。

请思考:

- T公司的要求是否合理?为什么?
- T公司的两种筹款方式行吗?

2. K公司依法成立,到工商管理部门办理营业执照时,工商部门指定K公司到B银行开立银行结算账户,K公司则要求银行为其办理两个基本存款账户。

请思考:

- 工商部门的做法正确吗?为什么?
- K公司的要求合理吗?为什么?

3. 2007年1月1日,因年终结算,中国农业银行重庆市某分理处预告营业时间推迟到上午9点,但是实际营业时间是上午10点30分,比原先计划时间整整迟一个半小时,让两百多市民在新年第一天遭遇"钱荒",如图5.4所示。

请思考:银行年终结算,营业时间推迟导致大量顾客排起长龙办理业务,你有何感想?

图5.4　重庆"钱荒"

五、案例分析

1. 2005年10月28日,D企业的财务科科长持有关证件到甲银行营业部办理基本存款账户开立手续,甲银行工作人员审查相关证明文件之后,办理了基本存款账户开户手续。同日,该财务科科长持以上证件和乙银行的贷款合同到乙银行开立了一个一般存款账户。10月29日,该财务科长携带该企业的印鉴到甲银行营业部购买了转账支票一本,并当场签发了金额为50 000元的转账支票,填写了进账单。支票和进账单的收款人为在甲银行开户的B企业,甲银行的工作人员审查完毕后当场办理了该支票的转账手续。

请分析:

- D企业的行为符合账户管理的规定吗?

● 银行工作人员有无失误？为什么？

2. H公司在F银行开立了一个基本存款账户，一个一般存款账户。该公司出纳小李分次存入银行一般存款账户现金10 000元、20 000元、50 000元和80 000元。等到发给职工奖金时到一般存款账户提取现金120 000元，F银行不予支付，为此小李与银行工作人员发生争执。

请分析：

● 出纳小李的行为是否正确？

● F银行为什么不允许H公司提取现金？

● 你能帮小李解决问题吗？

6 票据结算

学习目标

- 根据票据的定义，能判别各种票据，比较各种票据的异同，正确选择和使用各种票据
- 注意识别各种票据的适用范围，指出银行汇票和支票使用的不同要求，能独立无误地填写票据，按规定管好、用好票据

用普通人的眼光看会计工作者，或许还是整天与账本、货币打交道的"账房先生"。就连美国前国务卿基辛格博士，在描述自己当会计的经历时，也表现出对会计工作日复一日琐碎账务处理的"厌烦"。

随着商品经济的发展和现代科学技术的进步，会计不与钞票打交道的场合越来越多，取而代之的是被称为票据的货币代用品。如果不了解票据的基本常识，就会在财会工作中碰到一些麻烦和"钉子"。

6.1 关于票据

案例评析

票据的"权利"

【背景资料】

A 公司向 B 公司购买一批货物，于 4 月 16 日签发一张同城转账支票给 B 公司用于支付货款，B 公司于 4 月 18 日将该支票背书转让给 C 公司。随后，A、B 公司之间的买卖合同解除。现付款银行以 A、B 公司之间的买卖合同已解除为由拒绝向 C 公司付款。

评析解读

该银行的做法不正确。因为票据是无因证券，只要权利人持有票据，就享有票据权利，就可以行使票据上的权利，至于权利人持有票据或取得票据的原因以及票据权利发生的原

因，则在所不问。即这些原因是否存在、是否发生、是否有效，原则上都不影响票据权利的存在。

6.1.1 认识票据

票据是由出票人签发的、约定自己或者委托付款人在见票时或指定的日期向收款人或持票人无条件支付一定金额的有价证券。

有价证券就是指设定并证明持券人有权取得一定财产权的书面凭证。

6.1.2 票据的种类

在我国，票据包括汇票、本票和支票，其中，汇票又包括银行汇票和商业汇票，商业汇票根据承兑人的不同，又可分为商业承兑汇票和银行承兑汇票。

- 票据
  - 汇票
    - 银行汇票
    - 商业汇票
      - 商业承兑汇票
      - 银行承兑汇票
  - 本票
  - 支票

各种票据结算之间的清算与交换，图 6.1 能完成吗？想一想是怎么处理的？

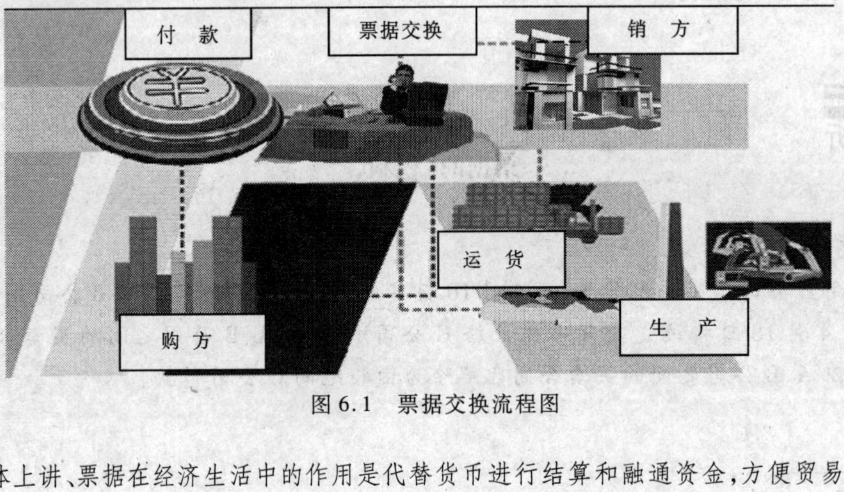

图 6.1　票据交换流程图

从总体上讲、票据在经济生活中的作用是代替货币进行结算和融通资金，方便贸易，促进经济发展。具体地讲，票据具有以下功能：支付功能、汇兑功能、信用功能、债务抵消功能和融资功能。

适时穿插

6.2 熟悉票据

案例评析

填写合规票据

【背景资料】

A 企业向 B 企业购买一批原材料，为其开具了一张 10 万元的银行汇票，该汇票的收款人为 B 企业，付款人为甲银行。由于受市场供需和物价的影响，这项经济业务的实际结算金额为 15 万元。A 企业在汇票上签章，并写明了出票日期等有关内容。B 企业接受此银行汇票后，到甲银行请求兑付时，遭到甲银行拒绝。

评析解读

该银行汇票是无效的，甲银行的做法正确。实际结算金额超过出票金额的，银行不予受理。企业在填写银行票据时应遵守有关规定。

6.2.1 银行汇票

银行汇票是出票银行签发的，由其在见票时按照实际结算金额无条件支付给收款人或者持票人的票据。

银行汇票的出票银行为银行汇票的付款人。银行汇票可分为银行现金汇票和银行转账汇票。

1. 银行汇票的使用范围

单位和个人在同城、异地或统一票据交换区域的各种款项结算，均可使用银行汇票。银行汇票可以用于转账，填明“现金”字样的银行汇票也可用于支取现金。

2. 银行汇票的记载事项

签发银行汇票必须记载以下事项：“银行汇票”字样、出票日期、出票金额、收款人名称、付款人名称、无条件支付的承诺、出票人签章。

3. 银行汇票的提示付款期限

银行汇票的提示付款期限为自出票日起 1 个月。持票人超过提示付款期限提示付款的，代理付款人不予受理。

4. 银行汇票的办理程序

- 申请。申请人使用银行汇票，应向出票银行填写“银行汇票申请书”，填明收款人名称、汇票金额、申请人名称、申请日期等事项并签章。其签章为预留银行的签章。

• 受理。出票银行受理银行汇票申请书，收妥款项后签发银行汇票，并用压数机压出票金额，将银行汇票和解讫通知一并交给申请人。

• 持票办理结算。申请人取得银行汇票后，即可向填明的收款单位办理结算，申请人应将银行汇票和解讫通知一并交付给汇票上记明的收款人。

6.2.2 支票

1. 支票的概念和种类

支票是指出票人签发的、委托办理支票存款业务的银行在见票时无条件支付确定的金额给收款人或者持票人的票据。

支票按照票款支付方式，分为普通支票、现金支票和转账支票，其中转账支票如图6.2所示。

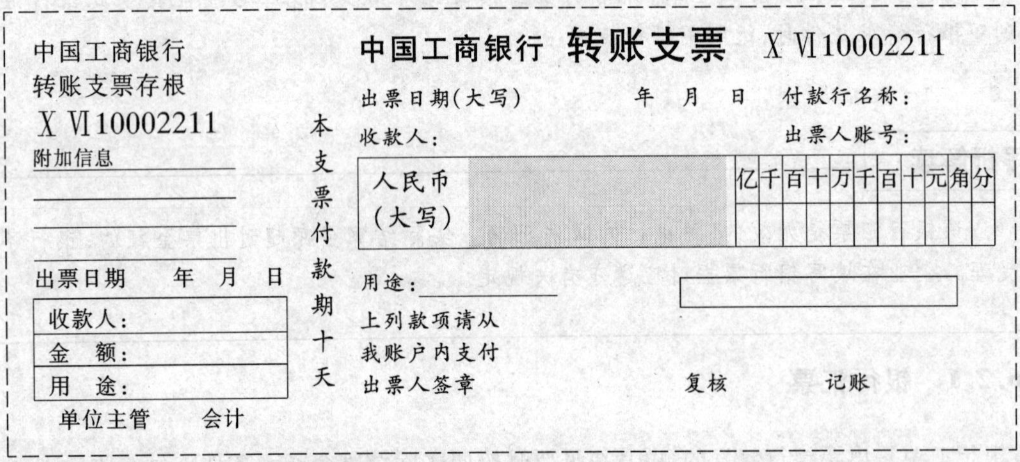
中国工商银行
转账支票存根
X Ⅵ10002211
附加信息
出票日期 年 月 日
收款人：
金 额：
用 途：
单位主管 会计
本支票付款期十天
中国工商银行 转账支票 X Ⅵ10002211
出票日期(大写) 年 月 日 付款行名称：
收款人： 出票人账号：
人民币(大写)
亿 千 百 十 万 千 百 十 元 角 分
用途：
上列款项请从
我账户内支付
出票人签章
复核 记账

图6.2 转账支票

2. 支票的使用范围

单位和个人在同一票据交换区域的各种款项结算，均可以使用支票。

3. 支票的记载事项

根据《票据法》的规定，支票的绝对记载事项共有六项内容："支票"字样、出票日期、确定的金额、付款人名称、无条件支付的委托、出票人签章。

支票的金额、收款人名称，可由出票人授权补记，未补记前不得背书转让和提示付款。

4. 支票的提示付款期限

支票的提示付款期限为自出票日起10日，但中国人民银行另有规定的除外。超过提示付款期限提示付款的，持票人开户银行不予受理，付款人不予付款。

5. 支票的办理和使用要求

• 禁止签发空头支票。出票人签发空头支票的，银行应予退票，并按票面金额处以5%但不低于1 000元的罚款；持票人有权要求出票人赔偿支票金额2%的赔偿金。出票人屡次签发空头支票的，银行应当停止其签发支票。

• 出票人不得签发与其预留银行签章不符的支票；使用支付密码的，出票人不得签发支付密码错误的支票。

• 持票人可以委托开户银行收款或直接向付款人提示付款。用于支取现金的支票仅限于收款人向付款人提示付款。

• 出票人在付款人处的存款足以支付支票金额时，付款人应当在见票当日足额付款。

• 存款人领购支票时，必须填写“票据和结算凭证领用单”并签章，签章应与预留银行的签章相符。存款账户结清时，必须将全部剩余空白支票交回银行注销。

问题研讨

你认为使用票据结算方便吗？为什么？

适时穿插

持票人委托开户银行收款时，应作委托收款背书，在支票背面背书人签章栏签章，记载“委托收款”字样、背书日期，在被背书人栏记载开户银行名称，并将支票和填制的进账单送交开户银行。

自我测试

一、单项选择题（在题后的四个备选答案中，选出正确的答案填入题干后面的括号中）

1. 由出票银行签发，由其在见票时按照实际结算金额无条件支付给收款人或者持票人的票据是(　　)。

A. 商业汇票　　B. 银行汇票

C. 银行本票　　D. 支票

2. 由出票人签发的，委托办理支票存款业务的银行在见票时无条件支付确定的金额给收款人或者持票人的票据是(　　)。

A. 银行本票　　B. 商业汇票

C. 银行汇票　　D. 支票

3. 银行汇票的提示付款期限为自出票日起(　　)。

A. 15 日　　B. 20 日

C. 3 个月　　D. 1 个月

4. 支票的提示付款期限为自出票日起(　　)。

A. 5 日　　B. 10 日

C. 15 日　　D. 30 日

5. 银行汇票持票人向银行提示付款时，必须同时提交银行汇票和(　　)。

A. 进账单　　B. 解讫通知

C. 个人身份证　　D. 支款凭证

6. 银行审核支票付款的依据是支票出票人的(　　)。

A．电话号码　　B．身份证
C．支票存根　　D．预留银行签章

7．甲公司发现其持有的由乙公司签发的金额为60万元的转账支票为空头支票后，有权要求乙公司向其支付赔偿金的金额是（　　）元。

A．20 000　　B．12 000
C．8 000　　D．2 000

8．支票的金额可以由（　　）授权补记，未补记的支票不得使用。

A．出票人　　B．持票人
C．背书人　　D．被背书人

9．根据有关规定，票据金额以中文大写和阿拉伯数字同时记载，二者不一致的（　　）。

A．以票据上较小的金额为准　　B．票据无效
C．以中文大写为准　　D．以数字记载为准

10．下列有关支票的表述中，正确的是（　　）。

A．现金支票可以用于支取现金，也可以用于转账
B．普通支票可以用于支取现金，也可以用于转账
C．支票可以用于转账，也可以用于支取现金
D．支取现金的支票可以背书转让

二、多项选择题（在题后的四个备选答案中，选出2至4个正确的答案填入题干后面的括号中）

1．根据《票据法》的规定，票据包括（　　）。

A．汇票　　B．发票
C．本票　　D．支票

2．下列各项中，属于银行汇票绝对记载事项的有（　　）。

A．表明"银行汇票"的字样　　B．付款地
C．收款人名称　　D．出票日期

3．支票的种类分为（　　）。

A．现金支票　　B．转账支票
C．普通支票　　D．背书支票

4．下列各项中，属于支票绝对记载事项的有（　　）。

A．表明"支票"的字样　　B．付款地
C．出票地　　D．确定的金额

5．在下列有关支票签发的表述中，不符合我国有关规定的是（　　）。

A．支票金额不得超过签发时出票人在付款人处实有的存款金额
B．支票金额不得超过付款时出票人在付款人处实有的存款金额
C．支票金额不得超过签发时付款人实有的存款金额
D．支票金额不得超过付款时付款人实有的存款金额

6．可以支取现金的支票有（　　）。

A．现金支票　　B．转账支票
C．普通支票　　D．划线支票

7．根据《票据法》的规定，下列各项中，属于支票上可以由出票人授权补记的事项有（　　）。

A．出票日期　　B．收款人名称

C．付款人名称　　D．金额

8．只能用于同城的票据是（　　）。

A．支票　　B．银行汇票

C．银行本票　　D．商业汇票

三、判断题（判断下列观点的正误，对的在括号中打"√"，错的打"×"）

1．我国《票据法》按照票款支付方式，将支票分为现金支票和转账支票。（　）

2．支票的出票人签发支票的金额可以超过付款时在付款人处实有的存款金额。（　）

3．出票人签发空头支票，银行应予退票，并按票面金额处以5%但不低于1 000元的罚款。（　）

4．票据出票日期使用小写的，银行可以受理，但由此造成的损失由出票人承担。（　）

5．现金支票可用于支取现金，也可进行转账。（　）

6．转账支票只能用于转账。（　）

7．普通支票可以用于支取现金，也可以用于转账。（　）

8．武汉的甲公司和上海的乙公司之间的款项结算可以采取支票的方式。（　）

9．单位和个人在同一票据交换区域的各种款项的结算均可使用支票，但支票的付款人必须是出票人的开户银行。（　　）

10．支票既可以支取现金，也可以背书转让。（　）

11．持票人签发的与其预留银行签章不符的支票及使用支付密码的出票人签发的支付密码错误的支票，银行均应予以退票。（　）

12．出票人签发空头支票，除银行予以退票并处以一定数额的罚款外，持票人还有权要求出票人赔偿支票金额2%的赔偿金。（　）

四、思考拓展

1．长城公司出纳员将市内的购货款46 800元以银行汇票支付，遭到银行拒付。

请思考：

- 该公司出纳处理是否正确？
- 银行为什么拒付？

2．X公司与Y公司属于长期合作单位，关系较好。一次，X公司购货时资金不足，开出支票怕受处罚，要求Y公司代其开出支票付款，以后资金充足再还款给Y公司。

请思考：

- X公司的行为是否正确？为什么？
- Y公司能否帮X公司顺利付款？

3．银行结算票据的种类较多，有的可用于同城，有的可用于异地。有的既可用于同城，又可用于异地。

请思考：

- 你知道哪些银行结算票据？

• 你知道那些票据的用途吗?

4. 武汉W公司向贵州G公司购进一批货物共计23 400元。在进行支付结算时,G公司要求W公司用支票或现金结算。W公司无法按G公司的要求办理,改用银行汇票进行结算。

请思考:

• 为什么不能用支票结算?
• 为什么不能用现金结算?
• 用银行汇票进行结算行吗?为什么?

五、案例分析

1. M企业1月28日银行存款账户余额2万元。28日,客户K到M企业催要金额为10万元的材料货款,M企业为了尽快将客户K“打发走”,就向客户K开了一张10万元的转账支票。

请分析:

• M企业开出的这张转账支票属于什么性质的支票?
• 银行是否可以对M企业进行罚款?罚款金额是多少?除了罚款外,还应采取何种措施?
• 客户K是否有权要求M企业对其赔偿?赔偿金额是多少?

2. 马里代表N公司携带一张记载有本单位签章、出票日期为2005年4月10日、票面金额为10万元的转账支票前往B公司采购物品。4月11日,马里代表N公司与B公司签订了一份价值10万元的合同,该合同约定,N公司于合同签订当日以支票方式一次付款;B公司应当于5月4日前向N公司交付所购物品。马里在向B公司交付支票时,声明该支票未记载收款人,由B公司自己填写。

B公司在收到支票后,未在该支票收款人栏里记载自己的名称。2005年4月12日,B公司在与C公司签订买卖合同时,直接将该支票背书转让给C公司。4月14日,持票人C公司向甲银行提示付款。4月16日,甲银行通知C公司,该支票款项已到账,但却不能支取使用,主要原因是:该支票记载有“N公司收到B公司交付办公用品之次日,持票人才能支取使用该资金”。B公司于5月8日向N公司交付所购办公用品,甲银行于5月9日通知C公司将支票金额转入C公司的银行账户。

请分析:

• N公司交付给B公司的支票未记载收款人,该支票是否有效?说明理由。
• B公司将未记载收款人的支票背书转让给C公司是否符合有关规定?说明理由。
• 甲银行通知C公司不能支取使用到账资金的理由是否成立?说明理由。

3. 甲企业于2002年5月9日签发一张转账支票给乙企业,金额为30 000元,而甲企业当日的银行存款余额为5 000元。开户银行对甲企业处以1 250元(25 000×5%)的罚款,乙企业则要求甲企业支付750元(25 000×3%)的赔偿金。

请分析:

• 针对本题说明《票据法》对签发支票的相关规定。
• 开户银行对甲企业的处罚是否正确?若不正确,应如何处罚?
• 乙企业要求甲企业支付赔偿金的金额是否正确?若不正确,应是多少?

第3单元

税收征收管理法律制度

内容提要

税收征收管理法律制度，广义地说，包括所有调整税收关系的法律、法规、规章和规范性的文件。狭义地说，主要是指1992年9月第七届全国人民代表大会常务委员会第二十七次会议通过的《中华人民共和国税收征收管理法》(简称《税收征管法》)及其实施细则，此法于1993年1月起实行。两年后又经1995年2月28日第八届全国人民代表大会常委会和2001年4月28日第九届全国人民代表大会常委会的修订，于2001年5月1日起实施至今。

本单元主要依据《税收征管法》及其实施细则的有关法律法规、规章的规定，分别论述税务登记、发票管理、纳税申报、税款征收、核定税额等方面的基本知识。

学习本单元，旨在使广大纳税人、扣缴义务人明确地认识到：必须按照法律、法规的规定办理税务登记，进行纳税申报，依法缴纳税款，接受税务检查；能运用所学知识处理税务登记中的各种问题，规范发票管理行为，掌握纳税申报的种类和税款征收的方式以及核定税额的对象和方法；作为国家税务机关及其工作人员也应该做到：依法征税、依法进行税务检查、依法对违法者进行处罚，解决税务管理工作中的有关业务问题。

7 从税源抓起——税务管理

学习目标

- 能够叙述税收征收管理的主要内容，界定税务登记的各种类型，识别应当办理变更税务登记和注销税务登记的各种情形
- 熟练地辨别各种发票的真伪，完整地说明发票的开具要求，处理发票管理中出现的各种问题
- 熟练地区别不同的纳税申报对象，能根据不同的情况采用适宜的纳税申报方式，按一定的程序和要求展示纳税申报的过程

家喻户晓的2005年度超级女声总冠军李宇春是深圳新天下集团有限公司神州电脑的形象代言人。2005年10月，在取得此项广告代言收入后，李宇春主动要求深圳新天下集团有限公司为其代扣代缴个人所得税等相关税款21万元。深圳市地税局全程跟踪做好纳税辅导工作，为扣缴工作提供优质、便捷服务，保证了该笔税款的顺利入库。

税收连着你我他，富强国家靠大家。

——杨玲育．税收征纳．《税收征纳》，2006(2)

7.1 责无旁贷——税务登记

案例评析

咎由自取

【背景资料】

某基层税务所2005年7月15日接到群众举报，辖区内大明服装厂（系个体工商户）开业两个月没有纳税。2005年7月16日，税务所依法对大明服装厂进行了税务检查。经查，该服装厂5月8日办理了营业执照，5月10日正式投产，没有办理税务登记，共生产销售服装420套，销售额90 690元，没有申报纳税。根据检查情况，税务所于7月18日拟作出如下处理：

（1）责令服装厂7月25日前办理税务登记，并处以500元罚款。

（2）按规定补缴税款，加收滞纳金，并处未缴税款两倍罚款。

2005年7月19日送达“税务处罚事项告知书”，7月22日税务所按上述处理意见作出了“税务处理决定书”和“税务行政处罚决定书”，同时下发“限期缴纳税款通知书”，限该服装厂于2005年7月29日前缴纳税款和罚款，并于当天将两份文书送达给了服装厂。

服装厂认为本厂刚开业两个月，产品为试销阶段，回款率低，资金十分紧张，请求税务所核减税款和罚款。7月30日税务所又下达了《催缴税款通知书》，催缴欠缴的税款、滞纳金和罚款。由于服装厂对税务机关的处罚决定既不履行，又不申请行政复议，经税务所有关会议研究决定，报县税务局批准，对服装厂采取强制执行措施。8月3日，税务所扣押了服装厂23套服装，以变卖收入抵缴税款和罚款。

评析解读

大明服装厂未按照规定办理税务登记，根据《税收征管法》第十五条第一款规定和第六十条第一款规定，税务所对其处以500元罚款是正确的，符合法律规定。同时，根据《税收征管法》第六十四条第二款规定：纳税人不进行纳税申报，不缴或者少缴应纳税款的，由税务机关追缴其不缴或者少缴的税款、滞纳金，并处不缴或者少缴的税款50%以上5倍以下的罚款。大明服装厂自开业以来，已有90 690元销售额，却一直没有进行纳税申报，这也是一种违法行为，也要受到相应的处罚。

此案例告诉我们，依法纳税，责无旁贷。企业在从事生产、经营活动时，一定要按照税法的有关规定及时办理税务登记，以免遭受处罚。

7.1.1 认识税务登记

税务登记是税务机关依据税法规定，对纳税人的生产、经营活动进行登记管理的一项法定制度，也是纳税人依法履行纳税义务的法定手续。

税务登记是每个纳税人的义务，它是税务机关对纳税人实施税收管理的首要环节和基础工作，是征纳双方法律关系成立的依据和证明。

7.1.2 税务登记的范围

凡有法律、法规规定的应税收入、应税财产或应税行为的各类纳税人，均应当办理税务登记。扣缴义务人应当在发生扣缴义务时，到税务机关申报登记，领取扣缴税款凭证。

根据《税收征管法》及其实施细则的规定，凡经国家工商行政管理部门批准，从事生产、经营的纳税人都必须自领取营业执照之日起30天内，向税务机关申报办理税务登记。

7.1.3 税务登记的种类

我国税务登记的种类包括：开业税务登记，变更税务登记，停业、复业税务登记，注销税务登记和外出经营报验登记。

开业税务登记，是从事生产、经营的纳税人，经国家工商行政管理部门批准，开业后办理的纳税登记。

变更税务登记，是纳税人在办理税务登记后，原登记的内容发生变化时向原税务机关申报办理的税务登记。

停业、复业税务登记，是纳税人暂停和恢复生产、经营活动而办理的纳税登记。

注销税务登记，是纳税人在发生解散、破产、撤销以及依法终止履行纳税义务的其他情形时，向原税务登记机关申请办理的登记。

外出经营报验登记，是纳税人到外县（市）临时从事生产、经营活动的，应当在外出生产经营以前，持税务登记证向主管税务机关申请开具外出经营活动税收管理证明。

办理税务登记如图 7.1 所示。

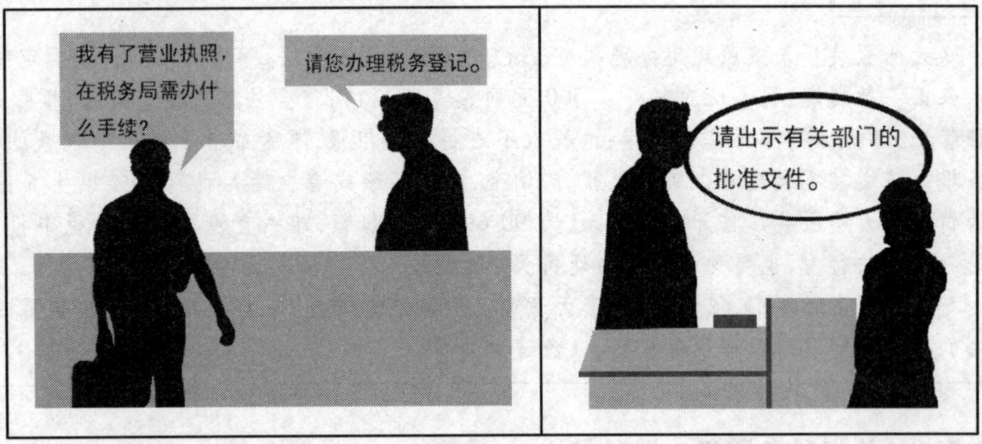

图 7.1　办理税务登记示意图

问题研讨

结合图 7.1 说明纳税人应该履行的法律责任，以及加强税务登记管理的重要意义。

适时穿插

开业税务登记的要求和程序：

- 纳税人必须在法定的时间内办理税务登记；
- 纳税人必须提出书面报告并提供必要的证件或资料；
- 纳税人应如实填写税务登记表。

7.2 管好交易的凭证——发票管理

案例评析

小小发票诱惑大

【背景资料】

2003 年 8 月成立的南京××运输有限责任公司，注册资金 50 万元，公司主要经营水陆联运、船舶代理、货物运输代理等。税务机关在例行的纳税检查中发现，该公司在短短半年时间里购领开具货运、联运、代理三种发票数百本，开票金额高达数亿元；同时，其用来抵减营业收入的货物运输发票频繁出现联号，且数额巨大，但其缴纳的地方各税却只有十几万元。

经查实：该公司自开业以来对外开具了 6 969 份发票，金额达 3.03 亿元；购买假货物运输发票，为自己开具 1 192 张发票用于冲减收入，金额达 1.16 亿元。经南京市公安局、南京市检察院认定均为虚开行为。2004 年 7 月 31 日、9 月 30 日，南京市检察院对该公司 16 名犯罪嫌疑人分别批准逮捕。长期以来向该公司大量提供假货物运输发票的犯罪嫌疑人，也被一举抓获。该公司及其下属公司利用发票牟取的非法所得 462 万元全部予以没收；对其他 26 名涉案人员分别给予补税、罚款、没收非法所得共 218.5 万元的行政处理。对认定虚开并已进入增值税抵扣的 507.3 万元税款，交有关国税局进行处理；对属于地税征管的企业，凡接受该公司发票的，由其主管地税局按有关规定补征税款并处以罚款；对从事承运的个体工商业户，由其主管地税局分别给予追缴税款并处以罚款。

评析解读

从上述发票案件中可以看出，利用发票偷税犯罪现象十分突出，案发率高，涉及的范围广，参与犯罪人员多，流失的税款金额大，给国家财政带来了巨大损失。利用发票犯罪的手段很多：有的采用大头小尾的手段，即发票的发票联数额大，而存根联数额小，隐匿经营收入，造成不缴或少缴税款；有的非法印制发票；有的出售伪造的增值税发票；有的直接在真发票上涂改。如果不加大发票管理的力度，杜绝发票犯罪行为，势必扰乱正常的经济秩序，危害国家的财政安全。

7.2.1 认识发票

发票是指在购销商品、提供或者接受服务以及从事其他经营活动中，开具、收取的收付款的书面证明。

发票是确定经营收支行为发生的法定凭证，是会计核算的原始依据，也是税务稽查的重要依据。

它具有真实性、统一性、时效性等特征。

7.2.2 发票的种类

1. 增值税专用发票

增值税专用发票是指专门用于结算销售货物和提供加工、修理修配劳务使用的一种发票。增值税专用发票样式如图 7.2 所示。

2613404110 **××市增值税专用发票** No 01624146

抵 扣 联

开票日期:2006 年 12 月 03 日

购货单位	名　　称:天润有限责任公司 纳税人识别号:110410262823368 地 址 、电 话:园林区和平路 12 号 62201512 开户行及账号:工行和平分理处 0100108808103625				3 < >10 −1 +34 +2 < +5 −1 +436 < 加密版本号:21 4 > +2011/5323473 −/ − +/4 > 2 <23/1 <1 + +/77316 ∗ 42/2 2613404110 2 >4 <27 − > >8 ∗ 06/ > >35 01624146			第一联
货物及应税劳务名称	规格型号	单位	数量	单价	金　额	税率	税额	抵扣联
乙材料		千克	1 000	171.00	171 000.00	17%	29 070.00	
合　　计					¥171 000.00		¥29 070.00	
价税合计(大写)	⊗贰拾万零柒拾圆整				(小写)¥200 070.00			
销货单位	名　　称:利通有限责任公司 纳税人识别号:110680276923547 地 址 、电 话:东顺区安阳路 3 号 63327873 开户行及账号:工行安阳分理处 0103080018601285				备注	利通有限责任公司 税号:110680276923547 发票专用章		购货方扣税凭证

收款人:　　复核:　　开票人:林萍　　销货单位(盖章):

图 7.2 增值税发票样式

增值税专用发票只限于增值税一般纳税人领购使用,增值税小规模纳税人不得领购使用。一般纳税人如有法定情形的,不得领购使用增值税专用发票。

2. 普通发票

普通发票主要由营业税纳税人和增值税小规模纳税人使用,增值税一般纳税人在不能开具专用发票的情况下也可使用普通发票。

普通发票由行业发票和专用发票组成。前者适用于某个行业的经营业务,如商业零售统一发票、商业批发统一发票、工业企业产品销售统一发票等;后者仅适用于某一经营项目,如广告费用结算发票、商品房销售发票等。图 7.3 为商业企业专用发票的样式。

3. 专业发票

商 业 企 业 专 用 发 票

COMMERCIAL CORPORATION INVOICE

发 票 联

INVOICE

客户名称：　　　　支票号：　　　　111000125011

Payer　　　　**Check No.**　　　　**No 00250095**

编号 Serial No.	商品名称 Merchandise's name	规格	单位 Unit	数量 Quantity	单价 Unit Price	金额 Amount 十	万	千	百	十	元	角	分
	记录本		本	20	10.00				2	0	0	0	0
	档案盒		支	40	5.00				2	0	0	0	0
小写金额合计 Total Amount								¥	4	0	0	0	0
大写金额 Total Amount in word	⊗佰⊗拾⊗万⊗仟肆佰零拾零元零角零分												

二、付款方收执 SECONDINVOICE

天天百货商场

税号：110112354228826

开票单位(盖章) Payee(Seal)　　　　开票人：陈琼 Filler　　　　2006年12月09日 Y M D

图 7.3　普通发票样式

专业发票是指国有金融、保险企业的存贷、汇兑、转账凭证、保险凭证；国有邮政、电信企业的邮票、邮单、话务、电报收据；国有铁路、国有航空企业和交通部门、国有公路、水上运输企业的客票、货票等。图 7.4 为中国人民保险公司保险专用发票样式。

中国人民保险公司保险专用发票

发 票 联　　　　D3　0004563

被保险人	天润有限责任公司	
人民币	小写：¥18 000.00	
业务员	刘田	核保：
承保险别	房屋、设备、汽车	
保险费	大写：壹万捌仟元整	
交费形式	2	1. 现金 2. 转账支票 3. 银行划转 4. 其他
保险单号		

中国人民保险公司临丰分公司

税号：...600172692

保险公司(签章)　　　　制单　张慧　　　　出纳　方宏　　　　2006年12月05日

图 7.4　专业发票样式

7.2.3 发票开具的要求

- 单位和个人在发生经营业务、确认营业收入时，才能开具发票，未发生经营业务，一律不得开具发票。
- 开具发票时应按号顺序填开，填写项目齐全、内容真实、字迹清楚、全部联次一次性复写或打印，内容完全一致，并在发票联和抵扣联加盖单位财务印章或者发票专用章。
- 填写发票应当使用中文。民族自治地区可以同时使用当地通用的一种民族文字；外商投资企业和外资企业可以同时使用一种外国文字。
- 使用电子计算机开具发票必须报主管税务机关批准，并使用税务机关统一监制的机打发票。开具后的存根联应当按照顺序号装订成册，以备税务机关检查。
- 开具发票时限、地点应符合规定。
- 任何单位和个人不得转借、转让、代开发票；未经税务机关批准，不得拆本使用发票；不得自行扩大专业发票使用范围。

请你指出图7.5、图7.6两张发票中的错误之处，并查阅相关资料，进一步了解发票的相关规定。

商 业 企 业 专 用 发 票

COMMERCIAL CORPORATION INVOICE

发 票 联

INVOICE

客户名称：
Payer

支票号：
Check No.

No 006266164

编 号 Serial No.	商品名称 Merchandise's name	规格	单位 Unit	数 量 Quantity	单 价 Unit Price	金 额 Amount 十	万	千	百	十	元	角	分
	五粮液		瓶	2					7	8	9	0	0
小写金额合计 Total Amount								¥	7	8	9	0	0
大写金额 Total Amount in words	⊗佰⊗拾⊗万⊗仟柒佰捌拾玖元零角零分												

二、付款方收执 SECONDINVOICE

天天百货商场　税号：110112334228826　发票专用章

开票单位(盖章)
Payee(Seal)

开票人：陈琼
Filler

2006年12月09日
Y M D

图7.5　发票案例1

商业企业专用发票
COMMERCIAL CORPORATION INVOICE
发票联
INVOICE

客户名称：
Payer

支票号：
Check No.

No 006266164

编号 Serial No.	商品名称 Merchandise's name	规格	单位 Unit	数量 Quantity	单价 Unit Price	金额 Amount							
						十	万	千	百	十	元	角	分
									7	8	9	0	0
小写金额合计 Total Amount								¥	7	8	9	0	0
大写金额 Total Amount in words	⊗佰⊗拾⊗万⊗仟柒佰捌拾玖元零角零分												

二、付款方收执 SECONDINVOICE

天天百货商店
税号：110112334228826

开票单位(盖章)
Payee(Seal)

开票人：陈琼
Filler

2006年12月09日
Y M D

图7.6 发票案例2

发票的基本内容包括：发票的名称、字轨号码、联次及用途，客户名称，开户银行及账号，商品名称或经营项目，计量单位、数量、单价、大小写金额、开票人、开票日期，开票单位(个人)名称(章)等。普通发票的基本联次为三联，第一联为存根联，开票方留存备查；第二联为发票联，收执方作为付款或收款原始凭证；第三联为记账联，开票方作为记账原始凭证。增值税专用发票基本联次为四联：第一联为存根联，销货方留存备查；第二联为发票联，购货方作为付款的记账凭证；第三联为税款抵扣联，购货方作抵扣税款凭证；第四联为记账联，销货方作销售的记账凭证。

适时穿插

7.3 依法纳税讲诚信——纳税申报

案例评析

天 经 地 义

【背景资料】

吉祥公司于2005年10月8日成立,2005年10月10日就到税务机关办理了税务登记。2005年12月15日,税务机关发来一份税务处理通知书,称该公司未按规定的期限办理纳税申报,并处以罚款。公司的负责人王经理对此很不理解,向税务机关辩称,本公司自成立以来,未做成一笔生意,没有任何收入,难道还要向税务机关办理纳税申报吗?

评析解读

吉祥公司的做法不正确。按照《税收征管法》的有关规定,纳税人无论有无收入,都应按期办理纳税申报。如不按期办理纳税申报,税务机关可责令其限期改正,并可处以2 000元以下的罚款;情节严重的,可处2 000元以上10 000元以下的罚款。

现实社会中有多少人会自觉进行纳税申报?中国社会调查事务所曾在北京、上海、重庆、广州、武汉等九个城市开展问卷调查。调查结果不容乐观。我国工商企业偷税漏税现象十分严重,能隐瞒的,尽量隐瞒,能不纳税,尽量不纳税。逃避纳税几乎成为一种大众心理。"征的不如漏的多"。全国每年因工商企业偷税漏税而流失的税款高达1 000多亿元之巨。由此看来,要做到自觉纳税申报不是一件容易的事。有关部门应加强宣传教育,培养纳税人的法律意识,倡导诚信纳税。

7.3.1 认识纳税申报

纳税申报是指纳税人、扣缴义务人按照法律、行政法规的规定,在申报期限内就纳税事项向税务机关书面申报的一种法定手续。

纳税申报既是纳税人依法履行纳税义务的一项法定手续,也是税务机关办理税款征收业务的法定规程。纳税申报在税收管理体系中占有重要地位。

7.3.2 纳税申报的方式

纳税人应依照法律、法规规定的申报期限、申报内容,如实填写纳税申报表,办理纳税申报手续。

纳税申报的主要方式有:

1. 直接申报

直接申报即上门申报，是指纳税人、扣缴义务人持有关资料，直接到税务机关办理纳税申报。

2. 邮寄申报

邮寄申报是指经税务机关批准的纳税人、扣缴义务人使用统一规定的纳税申报特快专递专用信封，通过邮政部门办理交寄手续，并向邮政部门索取收据作为申报凭据的方式。这种方式的申报以寄出地的邮政局邮戳日期为实际申报日期。邮寄申报纳税是世界上大多数国家普遍采取的一种申报方式。

3. 数据电文申报

数据电文申报是指纳税人、扣缴义务人，运用经税务机关确定的电话语音、电子数据交换和网络传输等电子方式进行的纳税申报。如纳税人的网上申报，就是数据电文申报方式的一种形式。

图7.7为纳税申报与征收示意图。

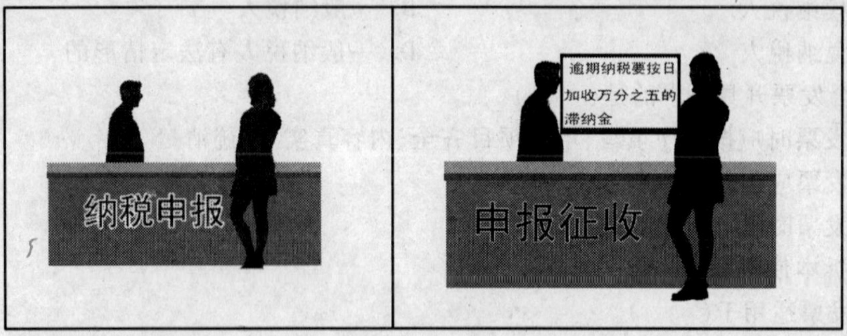

图7.7 纳税申报与征收

问题研讨

纳税人在纳税期内没有应纳税款的，需要办理纳税申报吗？查一查纳税申报表的主要内容。

从2006年起，年收入超过12万元的市民，要主动申报个人所得税，否则可能面临最高1万元的罚款。除工资、薪金外，稿酬、利息、股息、红利等11种所得都必须计入年收入。无论平时是否已缴纳个人所得税，只要总额超过12万元，都必须填写申报表，主动向所在地主管税务机关申报，期限为2007年1月1日—3月31日期间的任一工作日。申报不等于纳税。如炒股所得，国家已明确规定暂不征收个人所得税，只是必须将其列入总收入内申报；对平时已缴税的收入，在申报后将予以扣除，不会重复计征。此外，养老保险金、福利费、离退休金、政府特殊津贴等，也可不计入年收入内。

适时穿插

自我测试

一、单项选择题(在题后的四个备选答案中,选出正确的答案填入题于后面的括号中)

1. 我国新修订的《税收征管法》,于(　　)全国人大第21次会议通过,并于同年5月实施。

A. 1995年第八届　　B. 2000年第九届

C. 2001年第九届　　D. 2001年第十届

2. 从事生产、经营的纳税人应当自领取营业执照之日起(　　)内,向生产经营地或者纳税义务发生地的主管税务机关申报办理税务登记。

A. 10日　　B. 15日

C. 30日　　D. 60日

3. 增值税专用发票只限于(　　)使用。

A. 小规模纳税人　　B. 一般纳税人

C. 营业税纳税人　　D. 一般纳税人有法定情形的

4. 不符合发票开具要求的是(　　)。

A. 开具发票时应按顺序填写,填写项目齐全、内容真实、字迹清楚

B. 填写发票应当使用中文

C. 开具发票时限、地点应符合规定

D. 可以拆本使用发票

5. 专用发票适用于(　　)。

A. 某一经营项目　　B. 商业零售统一发票

C. 商业批发统一发票　　D. 工业企业产品销售统一发票

6. 相关单位和个人应妥善保存发票。下列关于发票保存的说法错误的是(　　)。

A. 开具发票的单位和个人无权擅自销毁发票

B. 开具发票的单位和个人是保存发票的义务人

C. 超过发票的保存期,税务机关查验后,该单位和个人可以销毁发票的存根联和发票的登记簿

D. 已开具的发票存根联和发票登记簿,应当保存10年以上

7.《中华人民共和国税收征收管理法》属于(　　)。

A. 法律　　B. 行政法规

C. 部门规章　　D. 地方规章

8. 从事生产、经营的纳税人应当自(　　)之日起15日内,按照国家有关规定设置账簿。

A. 领取营业执照或者发生纳税义务　　B. 办理税务登记证

C. 在银行开设账户　　D. 开业

9.《税收征管法》及其实施细则规定,从事生产、经营的纳税人应当自领取(　　)之日起15日内,将其财务、会计制度或者财务、会计处理办法报送税务机关备案。

A. 税务登记证件　　B. 发票领购簿

C. 营业执照　　D. 财务专用章

10. 发票的存放和保管应按有关规定办理，不得丢失和擅自损毁。已经开具的发票存根联和发票登记簿等，应当保存(　　)。

A. 1 年　　B. 2 年

C. 3 年　　D. 5 年

二、多项选择题(在题后的四个备选答案中，选出 2 至 4 个正确的答案填入题干后面的括号中)

1. 根据《税收征管法》的规定，税务管理包括(　　)。

A. 税务登记　　B. 账证管理

C. 发票管理　　D. 纳税申报

2. 税务登记的种类包括(　　)。

A. 开业税务登记　　B. 变更税务登记和注销税务登记

C. 停业与复业税务登记　　D. 外出经营报验登记

3. 根据《发票管理办法》及其实施细则的规定，税务机关在发票检查中享有的职权有(　　)。

A. 调出发票查验　　B. 调出发票转让

C. 查阅、复制与发票有关的凭证、资料　　D. 借出发票自用

4. 从事生产、经营的纳税人的(　　)应当报送税务机关备案。

A. 财务会计制度　　B. 财务会计处理方法

C. 会计核算软件　　D. 有效记账凭证

5. 纳税人、扣缴义务人的权利包括(　　)。

A. 对税务机关所作出的决定，享有陈述权、申辩权

B. 依法享有申请行政复议、提起行政诉讼、请求国家赔偿等权利

C. 有权控告和检举税务机关、税务人员的违法违纪行为

D. 有权要求税务机关为纳税人、扣缴义务人的情况保密

6. 纳税人应办理变更税务登记的项目有(　　)。

A. 纳税人改变法定代表人

B. 纳税人改变注册资金

C. 纳税人改变经营地址而改变原管税务机关

D. 纳税人银行账号改变

7. 纳税人在办理注销税务登记前，应当向税务机关(　　)。

A. 结清应纳税款、滞纳金、罚款　　B. 提供清缴欠税的纳税担保

C. 缴纳不超过 10 000 元的保证金　　D. 缴纳发票和其他税务证件

8. 纳税人如遇到下列(　　)情形之一的，可以申请延期纳税。

A. 不可抗拒的自然力　　B. 短期货款拖欠

C. 企业亏损　　D. 企业破产

9. 纳税申报的方式有(　　)。

A. 直接申报　　B. 邮寄申报

C. 数据电文　　D. 间接申报

10. 纳税申报的对象,包括(　　)的单位和个人。

A. 负有纳税义务　　B. 负有代扣代缴、代收代缴义务

C. 取得临时应税收入　　D. 享有减税、免税待遇

三、判断题(判断下列观点的正误,对的在括号中打"√",错的打"×")

1. 延期申报就是延期纳税。(　　)

2. 对个体工商户确实不能设置账簿的,经税务机关批准,可以不设账簿。(　　)

3. 纳税人申请领购发票,主管税务机关有权要求其提供担保人,不能提供担保人的,可以视其情况,要求其提供保证金,并限期缴销发票。(　　)

4. 国家征税的过程,就是把一部分国民收入从纳税单位和个人手中转变为国家所有的过程。(　　)

5. 国家征税的目的是保证国家机关正常运行所需要的经济来源。(　　)

6. 《税收征管法》的根本目的是保证税收收入的及时、足额入库。(　　)

7. 纳税人具体的纳税期限,可以由纳税人根据税法的规定自行决定,但必须报税务机关备案。(　　)

8. 为了方便经营,北京的纳税人可以将北京的空白发票携带到广州开具。(　　)

9. 享受减免税待遇的纳税人不必进行纳税申报。(　　)

10. 纳税人在纳税期内没有应纳税款的,就不必办理纳税申报。(　　)

四、思考拓展

1. 请同学们搜索了解我国《个人所得税法》的内容,思考怎样增强纳税意识?

2. 小王是某单位的办事员,因公需要经常采购单位用品。为了捞取钱财,每次购物都要供货方在发票上多开金额。供货方为了留住客户,就将发票的存根联、发票联、记账联分别填写,尽量满足小王的要求。

请思考:这种做法有什么问题?

3. 仔细观察图7.8,谈谈有何看法?

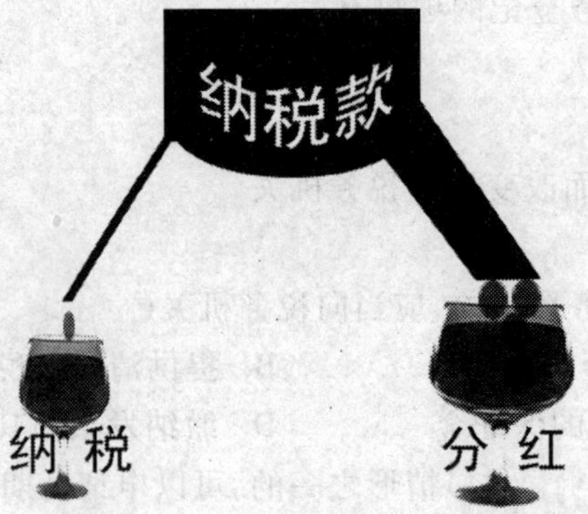

图7.8

4. 你对现实社会中存在的偷税、漏税、骗税和抗税的现象有什么看法?税法对这些情况有什么强制措施?

5. 结合图 7.9，谈谈你对“依法诚信纳税，共建小康社会”、“诚信纳税，利国利民”的理解。

图 7.9 诚信纳税宣传

五、案例分析

1. 2006 年 8 月 20 日，某税务机关在对成昌汽车修理厂进行纳税检查时发现，该厂根据城市规划的统一安排，于 7 月 12 日将经营地点由原来的大华街 50 号，搬到马路对面大华街 67 号经营，并于 7 月 10 号到工商行政机关办理了变更登记。成昌汽车修理厂认为，经营地点只改变了门牌号码，又不影响纳税，所以，就将税务登记证中的地址 50 号直接改为 67 号。

请分析：该厂的行为合法吗？

2. 公民王某承包一家商店，经查应补交个人所得税、营业税 3 万余元。王某拖欠不交。

请分析：税务机关可采取哪些措施？

3. 李某是某市的个体工商户，2006 年 3 月 5 日经工商行政管理部门批准，领取营业执照，经营百货。李某认为，只要有营业执照就可以经营了，就没有办理税务登记。

请分析：

- 李某的做法对吗？
- 税务机关是否应该对此进行处罚？如何处罚？

8 规范管理 保证税收——税款征收

学习目标

- 理解税款征收的含义及其意义
- 能叙述税款征收的方式和程序，判别各种税款征收方式的适用情形
- 能划分各种税额核定的对象，熟练地掌握各种核定税额的方法，精确地核定纳税人的应纳税款

20世纪90年代中期，在我国边远山区的一个集市上，税务人员向一个到此地临时经商的个体商贩征税，这个商贩十分惊讶地向税务人员发问：“怎么？共产党还收税？以前只听说国民党收税，没想到共产党也要收税。”显然，这个边远山区的小商贩，对公民为什么要纳税和政府为什么要征税这个问题没有弄清楚。

——岳树民.我们为什么要纳税.北京：中国财政经济出版社，1999

8.1 税款征收

案例评析

徇私枉法

【背景资料】

被告人贾某，男，49岁，某市地方税务局某分局干部（主任科员）；被告人雷某，男，39岁，某市地方税务局某分局办事员（科员）。

两被告采取“大头小尾”方式开具的25份发票，发票联票面金额共计28 040 109.85元，存根联票面金额共计3 377 596.47元。该25份发票应征营业税、城市维护建设税、教育费附加、个人所得税共计1 749 702.81元。

贾某、雷某仅向纳税人收取税款530 256元，不征、少征营业税、城市维护建设税、教育费附加、个人所得税共计1 219 446.81元。

贾某、雷某将收取的530 256元税款，截留私分，占为己有。

2005年11月14日，某区人民法院以贪污罪，徇私舞弊不征、少征税款罪判处贾某有期徒刑十七年，并处没收财产10万元；以贪污罪，徇私舞弊不征、少征税款罪判处雷某有期徒刑十四年，并处没收财产10万元。

评析解读

案例中的贾某、雷某见钱眼开，执法犯法，有违诚实守信、廉洁自律的职业道德。税务工作人员在行使岗位职责时，由于种种客观原因，经常会面对各种利益诱惑，如果不能保持清醒的头脑和高度的警觉，就会给职业形象和声誉以至社会经济生活带来破坏性的影响，也会葬送自己的职业前途。因此，税务工作人员要以上述案例为诫。在税款征收过程中，税务工作人员应维护本职业的良好声誉，遵照相关的专业技术和职业准则提供专业服务，爱岗敬业，珍惜自己的职业生涯，忠于职守，不为私欲膨胀，依法治税，为国聚财。

8.1.1 认识税款征收

税款征收有广义和狭义两种。广义的税款征收，是指国家税务机关依照税收法律、法规规定的标准和范围，将纳税人应当缴纳的税款以及扣缴义务人代扣代缴、代收代缴的税款，及时、足额地征收入库的一系列活动的总称。狭义的税款征收，仅指税款缴纳入库的过程。

税款征收是实现税收职能的最关键的环节，在整个税收征收管理工作中占有极其重要的地位。

8.1.2 税款征收的方式

税款征收方式，是指税务机关根据各税种的不同特点、征纳具体条件而确定的计算征收税款的方法和形式。

税款的征收，按应纳税额计算、入库的方式以及征收手段等标准划分，可分为多种不同的方式：

1. 查账征收

查账征收是指由纳税人依据账簿记载，先自行计算缴纳，事后经税务机关查账核实，如有不符合税法规定的，则多退少补。

2. 查定征收

查定征收是指由税务机关根据纳税人的生产设备、采用原材料等因素，在正常情况下的生产、销售情况，对其生产的应税产品查定产量和销售额，然后依照税法规定的税率征收的一种税款征收方式。

3. 查验征收

查验征收指的是由税务机关对纳税申报人的应税产品进行查验后征税，并贴上完税证、查验证或盖查验戳，并据以征税的一种税款征收方式。

4. 定期定额征收

定期定额征收是指税务机关依照有关法律、法规的规定，按照一定的程序，核定纳税人在一定经营时期内的应纳税经营额及收益额，并以此为计税依据，确定其应纳税额的一种税款征收方式。

5. 代扣代缴

代扣代缴是指按照税法规定，负有扣缴税款的法定义务人，在向纳税人支付款项时，依法从所支付的款项中直接扣收税款的方式。

6. 代收代缴

代收代缴是指负有收缴税款的法定义务人，对纳税人应纳的税款进行代收代缴的方式。即由与纳税人有经济业务往来的单位和个人向纳税人收取款项时，依照税法的规定代为收取税款。

7. 委托代征

委托代征是指受托单位按照税务机关核发的代征证书的要求，以税务机关的名义向纳税人征收一些零散税款的一种税款征收方式。

8. 其他方式

其他方式，如邮寄申报纳税、自报核缴方式、利用网络申报、用 IC 卡纳税等方式。

问题研讨

“谁养活了谁?”——关于政府与纳税人关系的讨论。

一天早上，税务工作人员到早市上收税，到一位女摊主面前时，她说：刚收完，怎么又来收？让她拿出收据一看，是市场管理费收据。很显然，这是典型的税费不分。

税与费的区别有以下三方面：

- 一般来说，税收具有普遍性，凡是公民都要依法纳税。收费则不具有普遍性，收取的范围比较小，它是政府在特定范围内调节特定的经济行为或向社会提供特定服务而收取的工本费、手续费和使用费，具有较强的针对性。
- 税收的征收机关主要是各级税务部门，另外，海关负责征收关税并代征进出口环节的增值税、消费税等。其他政府部门收取的一般都是费。
- 此外，还可以从开出的收据上看出自己缴纳的究竟是税还是费。

适时穿插

8.2 核定应纳税额

案例评析

核定税额

【背景资料】

李某经营一家服装加工厂。2005 年 8 月初，李某购进一批面料进行服装加工，原材料价值总计 80 000 元。为了使服装款式更时尚，李某又出资 5 000 元聘请了高级服装设计师进行技术指导。年底，税务机关在进行税务检查时，发现李某本应设置账簿但未设置账簿，于是税务机关采取核定税额方式核定其应缴纳的税额。

评析解读

根据《税收征管法》的有关规定，纳税人没有合法账簿的（包括依法可以不设置账簿、依法应当设置账簿而未设置、虽然设置账簿但账目混乱而难以查账的、擅自销毁或者拒不提供纳税资料的四种情形），应当进行纳税申报。经限期申报仍未进行纳税申报的，计税依据明显偏低而又无正当理由的，或者属于未依法办理税务登记从事生产经营的纳税人，税务机关可以核定其应纳税额。由于李某没有按有关规定设置账簿，税务机关采取核定税额方式核定其应缴纳税额的做法是正确的。

8.2.1 税额核定的对象

核定税额征收是指税务机关在无账可查或难以查账的情况下核定纳税人的应纳税额，并据以征收税款的一种方式。

根据《税收征管法》的规定，有下列情形之一的纳税人，税务机关有权核定其应纳税额：

- 依照法律、行政法规的规定可以不设置账簿的。
- 依照法律、行政法规的规定应当设置账簿但未设置的。
- 擅自销毁账簿或者拒不提供纳税资料的。
- 虽设置账簿，但账目混乱或者成本资料、收入凭证、费用凭证残缺不全，难以查账的。
- 发生纳税义务，未按照规定的期限办理纳税申报，经税务机关责令限期申报，逾期仍未申报的。
- 纳税人申报的计税依据明显偏低，又无正当理由的。
- 未按照规定办理税务登记的从事生产、经营的纳税人以及临时经营的纳税人。

8.2.2 核定税额的方式

为了减少核定应纳税额的随意性，使核定的税额更接近纳税人的实际情况和法定负担水平，《中华人民共和国税收征收管理法实施细则》第四十七条规定，税务机关有权采用下列任何一种方法核定纳税人的应纳税额：

- 参照当地同类行业或者类似行业中，经营规模和收入水平相近的纳税人的税负水平核定。
- 按照营业收入或者成本加合理费用和利润的方法核定。
- 按照耗用的原材料、燃料、动力等推算或者测算核定。
- 按照其他合理的方法核定。

采用以上一种方法不足以正确核定应纳税额时，可以同时采用两种以上的方法核定。

税额核定示意图如图 8.1 所示。

图 8.1　税额的核定

问题研讨

税法对核定税额征收有何规定?

法律、行政法规规定或者经法定的审批机关批准减税、免税的纳税人,应当持有关文件到主管税务机关办理减税、免税手续。减税、免税期满,应当自期满次日起恢复纳税。享受减税、免税优惠的纳税人,减税、免税条件发生变化的,应当自发生变化之日起15日内向税务机关报告;不再符合减税、免税条件的,应当依法履行纳税义务;未依法纳税的,税务机关应当予以追缴。

适时穿插

自我测试

一、单项选择题(在题后的四个备选答案中,选出正确的答案填入题干后面的括号中)

1. 对于会计账簿、凭证、核算制度等比较健全,能够据以如实核算生产经营情况,正确计算应纳税额的纳税人,可以采取的税款征收方式是(　　)。

A. 查账征收　　B. 查定征收

C. 查验征收　　D. 定额征收

2.《税收征管法》规定,扣缴义务人依法履行代扣代缴义务时,纳税人不得拒绝。纳税人拒绝的,扣缴义务人应当(　　)。

A. 及时报告税务机关处理

B. 书面通知纳税人开户银行暂停支付相当于应纳税款的存款

C. 立即停止支付应付纳税人的有关款项

D. 书面通知纳税人开户银行从其存款中扣缴税款

3. 根据《税收征管法》的规定，纳税人采取(　　)行为是偷税。

A. 假报出口骗取出口退税　　B. 伪造销毁账簿

C. 超过期限未缴纳税款　　D. 拒不缴纳违法所得罚款

4. (　　)是税务征收管理的基础环节，是税款征收和稽查的前提。

A. 税务登记　　B. 纳税申报

C. 登记代收代扣税金账　　D. 变更登记

5. 税收征收管理工作的中心环节是(　　)

A. 税务登记　　B. 纳税申报

C. 税款征收　　D. 税务检查

二、多项选择题(在题后的四个备选答案中，选出2至4个正确的答案填入题干后面的括号中)

1. 下列各项中，税务机关可以采取“核定征收”方式征税的有(　　)。

A. 擅自销毁账簿或者拒不提供纳税资料的

B. 企业开业初期、生产经营尚未正规的

C. 企业财务会计管理人员严重不足的

D. 纳税人申报的计税依据明显偏低，又无正当理由的

2. 纳税人在办理延期纳税时，(　　)。

A. 必须在规定期限内提出申请

B. 必须经省、自治区、直辖市国家税务局、地方税务局批准

C. 延期期限最长不得超过3个月

D. 批准延期内免于加收滞纳金

3. 从事生产经营的纳税人，应当自领取营业执照后在法定的期限内，将(　　)报送主管税务机关备案。

A. 财务会计制度　　B. 会计处理办法

C. 全部银行账号　　D. 会计核算软件

4. 税务机关派出人员在进行检查时，必须出示(　　)。

A. 外出经营活动税收管理证明　　B. 工作证

C. 税务检查证　　D. 税务检查通知书

5. 税务检查权是税务机关在检查活动中依法享有的权利，《税收征管法》规定税务机关有权(　　)。

A. 检查纳税人的账簿、记账凭证、报表和有关资料

B. 责成纳税人提供与纳税有关的文件、证明材料和有关资料

C. 到纳税人的生产、经营场所和货物存放地检查纳税人应纳税的商品、货物或者其他财产

D. 对纳税人的住所及其他生活场所进行检查

三、判断题(判断下列观点的正误，对的在括号中打“√”，错的打“×”)

1. 对纳税人欠税、偷税和抗税行为，税务机关可依法对其未缴或应缴未缴、少缴的税款加收滞纳金。(　　)

2. 扣缴义务人应扣未扣、应收未收税款的，由扣缴义务人负责追缴税款。(　　)

3．因税务机关的责任，致使纳税人、扣缴义务人未缴或者少缴税款的，税务机关在3年内可以要求纳税人、扣缴义务人补缴税款，并可以加收滞纳金。（　　）

4．税法与刑法都对纳税人违反税法行为规定了处罚条款，因此只要纳税人违反了税法，就可以按税法和刑法的规定追究责任。（　　）

5．税务机关及其工作人员对纳税人做出的征税或处罚行为，必须以税法为依据，没有法律依据而实施的行为是违法行为。（　　）

四、思考拓展

1．媒体上经常报道税务工作人员职务犯罪的案件，你如何看待这个问题？你认为应采取哪些措施来全面提高税务工作人员的素质？

2．针对社会上经常发生的虚开增值税发票、私印发票等违法现象，你认为漏洞在哪里？怎样看待这类事件？

五、案例分析

1．长江酒厂为增值税一般纳税人，2004年已缴纳增值税110万元，消费税220万元，城市维护建设税30万元，企业所得税60万元。2005年税务机关检查中发现该企业在2004年账簿上虚列成本费用120万元。

请分析：对这种行为应如何处罚？

2．某市某服装厂用账面成本20万元的一批自产服装发给职工做春节礼品，但在账簿上却记入劳动保护费中，服装厂当年已缴纳各项税款88万元，教育费附加3万元。

请分析：对上述问题应如何处理？

3．2006年3月某税务机关在对某公司的纳税检查中发现了以下几个问题：

- 该公司从一些个体工商户处购买货物，未经税务机关同意，取得了一部分增值税专用发票，并作为进项入账，已抵扣进项税款140 000元。
- 账外销售货物280 000元（不含税价格），未计入销售额，计算销售税额为47 600元。

经核实，该公司10月份已纳税430 000元，税务机关对该公司做出追缴税款187 600元（140 000 + 47 600）的处罚，并罚款93.8万元。

请分析：根据《税收征管法》的规定，对该公司的行为和税务机关的行为做出判断，并提出处理意见。

第4单元

会计职业道德

内容提要

会计人员在提供会计信息或鉴证服务的过程中，面对会计工作中存在的各种复杂的关系和矛盾，除了按会计法律、法规解决之外，还必须依靠会计职业道德的调节，从而理顺会计工作中人与人之间的关系，改变不容乐观的会计职业道德现状，建立正常的工作秩序。

本单元从职业道德与会计职业道德的基本内涵入手，就会计职业道德与会计法律制度的关系、会计人员应当遵守的职业道德规范、会计人员的道德修养和教育、会计职业道德建设的常规工作等方面进行阐述。

学习本单元，旨在使会计人员明确胜任本职工作除应置于法律、法规的约束和规范之下外，还必须具备与其职能相适应的职业道德。会计人员具备较强的专业胜任能力固然重要，但是更重要的是应该具备高度的责任感和良好的职业道德，特别是明确并遵守会计职业道德规范，从而提高会计职业素养和执业质量，做到“诚信为本，操守为重，坚持原则，不做假账”。

9 职业道德与会计职业道德

学习目标

- 从道德、职业道德和会计职业道德的界定入手，辨别它们的差异，从而延伸自己的判断
- 对比会计职业道德与会计法律制度，明确道德和法律的和谐关系
- 自发快速地找到自己道德的支撑点，树立明确的标杆

台湾忠信高级工商学校校长高震东先生在国内某些学校演讲时总要讲一个例子：我们很多学生在学校里用水，打开水龙头后，发现没水，接着开第二个，第二个也没有，又去开第三个。姑且不谈这些学生不动脑筋，第一个没水，第二个会有吗？水龙头不关，来了水后让它哗哗哗满池子去流，你说他头脑中缺少一种什么东西？道德，人人都应该有的道德。

——高震东演讲稿

9.1 百行德为首

案例评析

一个"小动作"的回报

【背景资料】

从某职业学校毕业的学生盛某，因没有找到工作，在家已经闲了两个多月。一天，他看到了报纸登载的一家公司招聘会计的广告，对方要求的学历至少是大专，又要求有实践经验。他觉得自己没有希望，但还是抱着试试看的心理走进了公司大门。果然，对方看了他的自荐材料后，当面就回绝了。他很沮丧，无精打采地下了楼，当走到一楼大厅时，他看见地上有一枚回形针，便弯腰捡了起来并顺手丢进垃圾桶。这一无意的动作恰好被公司负责人事的副总看见了。问了他的情况后，这位副总当即打电话给人事部，要求把刚才未聘用的那个小伙子留下来。

评析解读

盛某学历不高，他之所以能在诸多竞争对手中脱颖而出，靠的不是夸夸其谈，不是靓丽的外表，他也没有什么能拿得出来炫耀的资本。但他心中明白一个理：“勿以善小而不为”，集小善则为大善。从一枚小小的回形针中，我们可以看出盛某内心闪耀着的道德之光。虽然事情很小，也很偶然，但正是这样，说明他平时很注重道德修养。案例中的人事副总仅凭这一件小事就决定聘用盛某，源于这样一个理念：盛某不是为了取悦别人或刻意表现自己而做好事，就凭这一点，他完全可以胜任会计工作，因为他有良好的道德修养作自己人生的支撑。

9.1.1 道德

道德是由一定的社会经济关系决定的，以善恶为评价标准，依靠社会舆论、传统习俗和人们的内心信念来维系的行为规范和原则的总和。

道德就其实质来说，是社会生活对人们的一种要求。社会离不开道德，人生更离不开道德。它可以使人不断地在职业生活中追求崇高，也可以使社会祥和，国家安定强盛。

结合图9.1，想一想，我们有过这种行为吗？

图9.1 离文明还差多少

9.1.2 职业道德

职业道德是指在一定职业活动中应遵循的、体现一定职业特征的、调整一定职业关系的职业行为准则和规范。

职业道德也称行业道德，它是社会道德的基本原则、基本要求在职业生活中的具体表现。

如，爱岗敬业是一条基本的职业道德规范，但在不同的行业则表现出不同的职业特性。因此，每一种社会职业总是以自己的道德规范来调节它和社会以及本职业内部之间的关系。

你能说出图 9.2 中各自的职业道德特性吗？

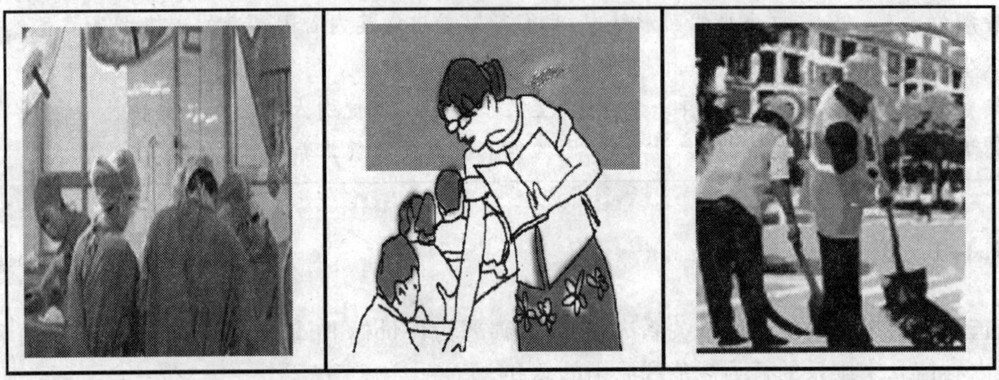

图 9.2　职业道德特性

我国《公民道德建设实施纲要》提出了职业道德的基本内容，即“爱岗敬业、诚实守信、办事公道、服务群众、奉献社会”。

9.1.3　会计职业道德

职业道德来源于职业实践，会计职业道德亦是如此。会计职业道德的形成取决于会计职业的产生。1996 年，我国财政部颁发的《会计基础工作规范》第一次明确提出了会计职业道德的具体条款。

1．什么是会计职业道德

会计职业道德是指在会计职业活动中应当遵循的、体现会计职业特征的、调整会计职业关系的职业行为准则和规范。

1999 年颁布的《会计法》进一步明确了遵守会计职业道德的基本要求，其中的第三十九条规定：“会计人员应当遵守职业道德，提高业务素质。”

2．会计职业道德的基本构成

会计职业道德的构成体现在会计职业道德规范上。

会计职业道德规范是指在一定社会经济条件下，对会计职业行为及职业活动的系统要求或明文规定。

会计职业道德规范体现了会计工作的特点并寄寓了会计职业责任的要求，从道义上规定了会计人员在履行公职中的情感、作风、态度和行为等。这些不仅是衡量会计人员道德品质的准绳，而且也是衡量会计人员职业成效的标准之一。

问题研讨

会计职业道德能等同于思想道德吗？

会计职业道德规范概括起来就是爱岗敬业、诚实守信、廉洁奉公、客观公正、坚持原则、提高技能、参与管理、强化服务八个方面。

1980 年 7 月，国际会计师联合会职业道德委员会拟订并经国际会计师联合会理事会批准，公布了《国际会计职业道德准则》，规定了正直、客观、独立、保密、技术标准、业务能力、道德自律七个方面的职业道德内容。

适时穿插

9.2 会计法律制度与会计职业道德

案例评析

法不容“情”

【背景资料】

2002 年 7 月，某市的一家经贸总公司投资 100 万元开办酒店，开业当年就盈利近 80 万元。可是到了次年的 10 月，这个酒店就因为在财务上存在严重的“黑洞”，以亏损 60 多万元的结局而悄然关门。

2003 年 4 月，该市审计局对酒店的经营状况进行了彻底的审计。审计结果表明，酒店存在着严重的财务问题。据了解，前后几任会计因为关系特别要好，相互间移交手续比较随意，致使移交不规范、不齐全，根本无法从中看出酒店的经营活动。其中，对照经贸总公司账簿记录与酒店在财务上所记载的“其他应付款——总公司”，金额竟然相差了 32 万元。有的挂欠个人应付款根本就不存在。另外，还有账证不符、记账凭证与原始凭证不符、对没有审批或没有经手人的票据给予报销且次数频繁等许多严重违反财务管理制度的问题。

评析解读

该酒店的几任会计因私人关系而在移交财务资料时不按规则办事，导致财务漏洞百出，这种会计行为既违背了会计工作的有关法律制度，同时也是会计职业道德欠缺的表现。法律拒绝“人情”，但法律需要职业道德的保障，良好的会计职业道德是保证一个会计工作者严格按照会计工作条例进行工作的基础。职业道德素质的提高，既能保证会计人员依法办事，同时又不违背法律的最底线——道德的要求。我们应将法律的外在规范和道德的内在约束结合起来，共筑法律和道德的防线。

9.2.1 和谐相处——会计法律制度与会计职业道德的联系

会计法律制度是国家权力机关和行政机关制定的各种会计规范性文件的总称，它构成了会计从业人员必须严格遵守的会计职业纪律。

会计职业道德是会计法律制度正常运行的社会和思想基础，会计法律制度是促进会计职业道德规范形成和遵守的制度保障。两者有着共同的目标、相同的调整对象、承担着同样的职责，在作用上相互补充，在内容上相互渗透、相互重叠，在地位上相互转化、相互吸收，在实践上相互作用、相互促进。

9.2.2 泾渭分明——会计法律制度与会计职业道德的区别

1. 性质不同

会计法律制度通过国家机器强制执行，具有很强的他律性；会计职业道德主要依靠会计从业人员的自觉性，具有很强的自律性。

2. 作用范围不同

会计法律制度侧重于调整会计人员的外在行为和结果的合法化；会计职业道德则不仅要求调整会计人员的外在行为，还要调整会计人员内在的精神世界。

3. 实现形式不同

会计法律制度是通过一定的程序由国家立法机关或行政管理机关制定的，其表现形式是具体的、明确的、正式形成文字的成文规定；会计职业道德出自于会计人员的职业生活和职业实践，其表现形式既有明确的成文规定，也有不成文的规范，存在于人们的意识和信念之中。

4. 实施保障机制不同

会计法律制度由国家强制力保障实施；会计职业道德既有国家法律的相应要求，又需要会计人员的自觉遵守。

问题研讨

会计职业道德在遵守上更大程度是依靠从业人员的内心自觉性，那么，你认为作为外在强制性的会计法律制度是不是维护会计职业道德的一种手段呢？

法律与道德的关系为中国历代统治者所重视。早在西周时，统治者就提出了“明德慎罚”的思想。孔子是儒家伦理道德思想的创立者，他说“道之以政，齐之以刑，民免而无耻；道之以德，齐之以礼，有耻且格”（《论语·为政》）。秦用严法和酷刑排斥道德而短命，西汉统治者总结了秦亡的教训，提出“礼法并重”，继而董仲舒论证了“德主刑辅”的思想，认为“刑者德之辅，阴者阳之助也”（《春秋繁露·天辨在人》）。数千年来，历代统治者把伦理道德与政治相结合，礼与刑融为一体，使僵硬的法律规范借助于道德提升为人们自觉的内心信念和行为标准。

适时穿插

自我测试

一、单项选择题(在题后的四个备选答案中,选出正确的答案填入题干后面的括号中)

1. 道德提倡(　　)。

A. 必须怎样　　B. 可以怎样

C. 不准怎样　　D. 应当怎样

2. 在道德品质的形成过程中,(　　)起着决定的作用。

A. 社会条件　　B. 社会实践

C. 生活环境　　D. 人生际遇

3. 职业道德的出发点和归宿是(　　)。

A. 诚实守信　　B. 办事公道

C. 服务群众　　D. 奉献社会

4. 人们在处理个人与他人、个人与社会的一系列行为中所表现出来的比较稳定的道德倾向和特征称为(　　)。

A. 道德观　　B. 道德品质

C. 道德理想　　D. 道德行为

5. 职业道德是(　　)。

A. 只讲权利不讲义务　　B. 与职业活动紧密相连

C. 与领导无关　　D. 与法律完全相同

6. 下列有关道德惩罚与法律惩罚关系的表述中,正确的有(　　)。

A. 道德惩罚可以替代法律惩罚　　B. 法律惩罚可以替代道德惩罚

C. 法律惩罚和道德惩罚并行不悖　　D. 法律惩罚和道德惩罚相互排斥

二、多项选择题(在题后的四个备选答案中,选出2至4个正确的答案填入题干后面的括号中)

1. 下列属于良好道德品质的有(　　)。

A. 正直无私、忠诚守信　　B. 仁爱互助、推己及人

C. 敬业好学、勇敢进取　　D. 弄虚作假、言而无信

2. 在法制社会,维护道德规范的主要手段有(　　)。

A. 谴责　　B. 自我约束

C. 舆论监督　　D. 行业自律

3. 爱岗敬业是职业道德的核心和基础。下列表现属于爱岗敬业的有(　　)。

A. 在本职工作中勤奋努力,不偷懒,不怠工

B. 喜欢自己的工作,能心情愉快、乐观向上地从事自己的本职工作

C. 为了求得未来自己理想的职业,利用现有的职业劳动时间全力为求新职做准备

D. 不情愿地成为了现有职业的劳动者,在没有调换工作之前,仍坚守工作岗位,履行职业责任

4. 为促进形成和维护良好的会计职业道德,可采取的措施有(　　)。

A. 利益引导　　B. 制度限定

C. 纪律约束　　　　　　　　　　　　　　D. 法律威慑

5. 对当代学生来说，诚实守信意味着(　　　　)。

A. 端正学习态度　　　　　　　　　　　　B. 正确对待学习成绩

C. 独立完成学习任务　　　　　　　　　　D. 坚守学术道德规范

6. 会计职业道德的基本内涵指(　　　　)。

A. 义务和良心　　　　　　　　　　　　　B. 荣誉

C. 职业之道　　　　　　　　　　　　　　D. 职业之德

三、判断题(判断下列观点的正误，对的在括号中打"√"，错的打"×")

1. 道德调整人与人之间的关系，实质上是调整经济关系。(　　)

2. 我国职业道德的本质特征是办事公道。(　　)

3. 会计职业道德不仅要求调整会计人员的外在行为，还要求调整会计人员内在的精神世界。(　　)

4. 会计职业道德与会计法律制度一样，都是以国家的强制力来保障实施的。(　　)

5. 会计职业道德是会计法律制度正常运行的社会和思想基础，会计法律制度是促进会计职业道德规范形成和遵守的制度保障。(　　)

6. 爱岗敬业是做人的基本准则，也是职业道德的精髓。(　　)

7. 会计职业道德是以会计人员享有的权利和义务为标准来判定其行为是否违背职业道德。(　　)

四、思考拓展

1. 在校园中，在社会上，你有过乱涂乱画、乱丢乱吐的陋习吗？你身边的同学在现实生活中有哪些不道德的现象？危害是什么？我们应具备怎样的道德品质？

2. 和同学们交流一下，谈谈自己修身养性的基本方法。

3. 结合图9.3，说说我们应该怎样从小事做起，从我做起？

图9.3　从小事做起，从我做起

五、案例分析

"道德"银行引发的争论

在人们印象中，道德意味着无私奉献、不求回报，而银行则是和金钱联系在一起的。浙江一所高校却将这两个截然不同的概念联系在一起，创办了一家“道德银行”，将道德行为折合成“货币”的形式积存起来，并可支取申请相关帮助或享受相应待遇。“道德银行”一成立，立即引发了诸多争议。

2003 年 11 月 5 日，位于杭州钱塘江畔的浙江工业大学之江学院举行了简单而隆重的启动仪式，宣布“道德银行”正式成立并运行。全院所有大一、大二年级的学生都被吸纳为储户，其他学生也可以自愿申请开户。深蓝色封面的“道德银行储蓄卡”样式与常见的银行储蓄卡相似，有户名、账号及存入、支出、结余等栏目，不过“币种”一栏却写着“道德币”三个字。

按照“道德银行”的评估细则，学生参加青年志愿者活动、社会公益活动和其他各类好人好事都可获得相应的“道德币”。比如义务献血一次，登记在“储蓄卡”上就是 2 万元“道德币”。

除了负责存款的存储部外，银行还设立了支取部。如果出现各种违纪行为，就必须处以 2 万元～10 万元不等的扣款。此外，当“储户”自身有需求时，也可凭卡向“银行”支取，比如“储户”可根据其做好人好事所积攒下来的“道德币”向“银行”申请相应的帮助或享受相应待遇。

这些优先帮助和待遇包括：可申请勤工助学岗位；参加学生会组织的各类学习培训优先考虑待遇；可申请获赠各类知识竞赛、学术讲座门票及获赠一季度的学科类报纸、杂志等。学期末，“道德银行”还将对“存款高额者”进行“十佳道德富翁”排名，并予以表彰和宣传。学生在“道德银行”中的储蓄等级还将被列为团内评优、学校评定奖学金的参考。目前，学院已有 3 350 多名大学生成为“道德银行”的储户，其中 179 位储户已获得第一笔“道德币”。

请分析：用好人好事换取“道德币”，这是否是对道德的亵渎和公开挑战？“道德银行”鼓励人们把所做的好事记下来，这与传统道德中“做好事不留名”冲突吗？

10 会计职业道德规范的内容

学习目标

- 能叙述会计职业道德规范的具体内容，精确无误地判断其实质
- 借助案例，通过理论和实践的结合来建立道德观念，以此影响自己的会计道德行为，从而把理论的要求内化为自觉的行为，自发地达到提高会计人员道德修养水平和树立正确会计职业观的目的

20世纪50年代，我国有这样一首对会计人员的赞歌：算盘声是一首美妙的曲子，数字是内容丰富的歌词，全副精神贯注于"借"、"贷"，账账相符，不差毫厘。保护国家财产是你的天职，挖掘节约潜力是你的本事。"活账本"是你的外号，"管家人"是你的名字。你有坚定而高尚的事业心，谁说会计员"没啥出息"？为祖国建设积累千百万资金，这里也有你的一份劳绩。

——侯文铿．话说会计三风．北京：中国财政经济出版社，2002

10.1 培养健康职业观——爱岗敬业

案例评析

30年如一日

【背景资料】

她，勤勤恳恳，爱岗敬业，在平凡岗位上辛勤耕耘，工作上从未出过差错。30年来，先后18次被评为公司先进工作者，12次被授予公司"优秀共产党员"荣誉称号，并获公司"突出贡献奖"。她就是某市服装进出口公司会计陆元梅。当年只有初中文化的陆元梅，如今已是一名高级会计师。每当谈起自己的师傅，弟子们如数家珍：每年节假日，陆师傅总是主动加班，就像一头"老黄牛"默默地付出；经常替因事因病的会计分忧，主动承担他们的工作；每次学习新准则、学习财会软件她总是第一个报名；当同事们遇到专业问题时她又会毫无保留地伸出"援助"之手。在陆元梅的传、帮、带下，科室内比、学、赶、帮，学技术、钻业务的氛围特别浓厚。

评析解读

干好会计的首要前提就是"爱岗敬业"。陆元梅的情怀在于她真正做到了"干一行爱一行",有扎实的职业思想基础,有强烈的职业责任感。她在平凡岗位上的不平凡业绩,正是表明了自己热爱会计岗位、钟情会计事业的思想感情。如果会计人员对自己所从事的工作没有热情,不感兴趣,就难以做到兢兢业业,就不会主动去钻研业务,更新知识,就不会把会计职业当成事业去经营,自觉做到忠于职守。

10.1.1 认识职业,夯实思想基础

爱岗就是要求从业者热爱本职、忠于职守。敬业就是人们对自己所从事的会计职业的正确认识和恭敬态度,并用这种热心恭敬的态度,认真地对待本职工作,将身心与本职工作融为一体,具有为会计工作倾尽余力的决心。

我们既然选择会计职业,那就要树立起"干一行爱一行"的思想,而且始终如一地做好这一工作。从内心产生对职业的责任感、自豪感,进而形成热爱本职工作强烈的荣誉感和幸福感。有了职业情感,就能树立忠于职守的道德观念,就能克服困难,达到精益求精。

10.1.2 安心本职,强化职业责任

从事会计职业,意味着从业者必须"敬业、爱业、乐业、勤业",以主人翁态度做好自己的工作。

有志于会计事业的青年学生,应该努力从现实楷模的学习中激发热情、获得力量,以"事业重于山,名利淡于水"的高尚境界鞭策自己,使自己真正恋上会计职业,让"心灵进入岗位"。

10.1.3 忠于职守,力求尽职尽责

无论是在什么岗位,从业者都应该明确自己的工作职责,尽心尽力、踏踏实实地完成本职工作。忠于职守主要表现为忠实于服务主体、忠实于社会公众、忠实于国家三个方面。

请同学们查阅相关资料,说说我们应该从劳动模范身上学习什么。

在审核凭证时应坚持"八审八看",即:审核经济业务内容,看是否符合财务制度、法律法规和费用开支标准;审"抬头",看是否与本单位名称(报账人姓名)相符;审"填制日期",看是否与报账日期相近;审"用途",看是否与"发票"或"收据"相关联;审"财务签章",看是否与原始凭证企业或单位名称相符;审"金额",看计算是否正确、完整;审"大、小写",看大、小写是否一致;审"脸面",看有无涂改、刮擦、纸贴现象,等等。

适时穿插

10.2 点亮心灯,寻觅诚信——诚实守信

案例评析

"公"大还是"私"大

【背景资料】

向黎原系某国有企业供销科职员。1995 年企业倒闭,向黎考取了会计证后调到甲公司财会部担任出纳工作。向黎从事会计工作以来,感到出纳工作太具体、太琐碎,认为一辈子干会计没多大出息,所以工作上应付差事,敷衍了事。在乙民营企业任总经理的丈夫几次要求向黎提供甲公司的某些有价值的资料,她曾经拒绝过。但在利益的驱动下,向黎最终没有守住职业道德的底线。2001 年底的一次偶然机会,向黎在工作中接触到本公司新产品研发计划及相关的会计资料,她将其复印并交给丈夫,致使乙企业获利,同时也给甲公司带来近百万元的损失。

评析解读

诚信作为人的一种品质,是具有稳定性的。偶尔或一时的行为,并不足以说明一个人已经具有或不具有某种品德。企业的财务资料有些属于商业秘密,除非获得授权,这些秘密是不能外泄的。向黎虽然多次拒绝了其丈夫的要求,但最后还是出卖了自己企业的利益。不论她当时的思想斗争如何激烈,最终也抹煞不了她为了自己或者家庭利益而违背"保密守信"这一会计职业道德规范的事实。

因此,要在全社会培育出一种土壤,一种能结出诚信之果的土壤。加强全社会诚信教育,创造良好的社会诚信环境,治理会计领域中的不正社会风气,形成"明礼诚信"的良好社会风尚。

10.2.1 真实无妄,不做假账

诚实是指言行和内心思想一致,不弄虚作假、不欺上瞒下,做老实人、说老实话、办老实事。守信是指遵守自己所作出的承诺,信守诺言,保守秘密。

中国现代会计学之父潘序伦先生认为,"立信,乃会计之本,没有信用,也就没有会计,""诚信"是会计职业道德内容中的主要规范。

会计人员诚实守信的道德观念如何,将直接影响会计信息的真实性和完整性。

2001 年,朱镕基为北京国家会计学院郑重题词:"不做假账",向广大会计人员特别是注册会计师再次提出了最基本的职业道德要求。

10.2.2 保密守信,不为利所惑

在市场竞争日益残酷的今天,会计人员掌握着越来越多的商业秘密。

会计人员应做到:不该知道的事不问——不能以工作名义了解不相关的信息;不该说的话不说——未经同意不得向外散布有关本单位的财务和管理的信息;不该做的事不做——在任何情况下都不能为诱惑所动泄露本单位的秘密。见利不伸手,见钱不眼开。

10.2.3 执业谨慎,信誉至上

如果把企业比作是一座粮仓,不法经营者是老鼠,那么注册会计师就是“经济警察”——猫。因为其以独立、客观、公正的行业操守,通过经济监督、经济评价、经济鉴证三大职能来保护投资者、债权人、政府和社会的经济利益。

注册会计师和事务所的生存之本就是诚信,不仅要保证自己诚信,更要保证审计对象的诚信,否则这个行业就失去了存在的意义。

本来猫和老鼠是一对天敌,但现在有些猫不仅不是鼠的天敌,反而与鼠共舞,各得其乐(图 10.1)。这样就造就了违法违纪者在“猫捉老鼠”的游戏中与监管者和投资者回旋的余地,“钻空子”事件也就司空见惯了。

图 10.1 猫和老鼠

问题研讨

请查阅资料,了解立信会计学校的校训是什么?怎样理解“要拨准算盘,先拨正心”?

适时穿插

一位国王要选择继承人,于是发给国中每个孩子一粒花种,约好谁能种出最美丽的花就将被选为未来的国王。当评选时间到来时,绝大多数孩子都端着美丽的鲜花前来参选,只有一个叫杨平的孩子端着空无一物的花盆前来,最后他却被选中了。因为孩子们得到的花种都已经被煮过,根本不会发芽。

10.3 “慎独”——廉洁自律

案例评析

自律守法

【背景资料】

从某学校毕业的任某,于 2001 年应聘到某银行从事财会工作。其认真负责、一丝不苟的工作态度得到领导的赏识。在其所管辖的业务范围内从没出现过分文差错。2005 年 8 月的一天,一位部门副经理拿着一张经领导签字的招待费发票交给任某报销。任某在审核验证时发现,发票上的金额有涂改的痕迹,遂产生怀疑。副经理见状,马上俯下身低声说:“算你一份。”但是任某不为所动。结果,该副经理受到了降职处理,而任某为此获得物质奖励并在行内通报表扬。

评析解读

在本案例中，任某也许会被指“不近人情”，使同事关系恶化。但任某的行为客观上堵塞了报销中的漏洞，加强了对费用支出的管理。任某充分地认识到自己所从事职业的社会价值，他热爱自己的岗位，敬重自己的职业，具有很强的法纪观念。他明白“为民理财”是会计工作的职能，其基本目的就是维护公共利益。

10.3.1 加强会计道德修养

会计道德修养是指会计人员根据会计道德原则和规范而进行的反省、检查、自我批评和自我解剖。

会计人员应通过对会计道德原则、规范的认识和体验，使自己形成稳定的、正确区别职业行为中的善良与丑恶、光荣与耻辱、高尚与卑鄙、诚实与虚伪等的内心信念。有了正确的内心信念，就能在工作中自觉调节个人的行为，使其符合会计职业道德的要求，达到道德修养的最高境界——“慎独”。

廉洁是指洁身自好，为公众谋事，不收受贿赂，不贪污钱财。自律是指行为主体按照一定的标准，自己约束自己，自己控制自己的言行和思想的过程。

廉洁自律的核心是用道德观念自觉地抵制自己的不良欲望和想法，依靠会计人员内心道德感和职业良心来实现会计道德上自我完善的追求。廉洁是自律的基础，自律是廉洁的保证。

10.3.2 遵纪守法

财会工作是财务收支的关口，会计人员是把关守口人，是一个单位的“管家”。廉洁奉公的职业道德要求会计人员严格划分公私界限。

遵纪守法是会计人员起码的职业道德要求。要做到遵纪守法，必须先学法、懂法，准确掌握《会计法》及相关的法律法规，以此作为自己的行为准则，并模范地加以执行。

古希腊哲学家德谟克利特说：“要留心，即使当你独自一人时，也不要说坏话或做坏事，而要学得在你自己面前比在别人面前更知耻。”你能做到吗？

周恩来生前长期实行不成文的十条家规：一、晚辈不准丢下工作专程去看望他，只能出差顺路时可以去看看；二、来者一律住国务院招待所；三、一律到食堂排队买饭菜，有工作的自己买饭菜票，没工作的总理代付伙食费；四、看戏以家属身份买票入场，不得用招待券；五、不许请客送礼；六、不许动用公家车子；七、凡个人生活能自己做的事，不要别人来办；八、生活要艰苦朴素；九、在任何场合都不要说出与总理的关系，不要炫耀自己；十、不谋私利，不搞特殊化。

适时穿插

10.4 拿起公正的法槌——客观公正

案例评析

游戏何时了

【背景资料】

2005年4月29日，科龙电器公布2004年年报：亏损6 000多万元，这与上一年盈利2亿多元的业绩形成巨大反差。5月，中国证监会就此问题立案调查，科龙危机爆发，旋即导致科龙股票从25元掉到了1元多。

科龙怎么了？后经过调查得知：科龙上市5年，3年亏损，并且几次更换会计师事务所，这是十分罕见的，其目的就是要“做好”财务报表。公司会计人员与会计师事务所内外勾结，调控三项费用。如：2002年的财务报表显示，当年的坏账准备转回约0.5亿元，存货减值准备转回2.12亿元，冲回广告费7 900万元，维修费拨备相对2001年度减少计提约5 000万元，合计约3.9亿元。他们还虚增收入、虚减成本。如果没有这些“技术处理”，科龙2002年和2003年的盈利是不可能的。

公司总裁顾雏军一直在玩“财务游戏”，他在收购科龙电器的当年，大量拔高各项费用，造成上市公司巨亏；第二年，压低各项费用，使上市公司一举扭亏。2005年，顾雏军被依法刑事拘留。

评析解读

科龙电器“游戏”的曝光，只是冰山一角，琼民源、郑百文、蓝田股份、东方锅炉等比比皆是。之所以“财务游戏”盛行，一是内部控制制度的混乱，二是公司高层追求政绩的驱使，三是会计师事务所和注册会计师为了自身的利益，与公司财务人员串通一气，欺上瞒下，违背客观公正的会计职业道德。

10.4.1 端正工作态度，依法办事

客观公正要求会计人员对会计业务的处理，对会计政策和会计方法的选择，以及对财务会计报告的编制、披露和评价必须独立进行职业判断，做到客观、公平、理智、诚实。

客观和公正二者是辩证统一的，客观是公正的基础，公正是客观的反映。客观公正是会计人员的一种工作态度，客观公正更是会计人员追求的一种境界，因此它是会计职业道德的灵魂。

能否坚持客观公正的原则主要取决于会计人员的工作态度。没有客观公正的态度，就不能尊重事实。客观公正原则要求会计人员在办理会计事务时实事求是，做到凭证内容与实际一致、账务处理与报表一致、账务与实物一致；从原始凭证的取得、凭证的整理、账簿的登记、报表的编制，

到经济活动的分析，一切都要做到如实反映，有喜报喜，有忧报忧，不得有任何随意性和虚假性。

10.4.2　不偏不倚，公道正派

会计人员对有关事项的判断和处理应基于客观立场，符合公正原则。无论是当权的，还是平民百姓，会计人员都应平等对待，不畏权势，在法律面前人人平等。同时，在执法时，会计人员不能因关系亲疏而异，坚持法不容情的原则，在会计工作的各个环节上把好关。

问题研讨

设想一下：如果你走上工作岗位，你会怎样过好“权势关”和“人情关”？

据调查，在会计信息失真的现象背后，会计人员所起的作用、责任方面，主动出谋划策的占11.2%，配合单位负责人作假的占26.8%，被迫操作的占44.7%，因业务水平低而出错的占17.3%。情况表明，占38 %的会计人员主动出谋划策、配合作假的行为，主观动机虽有不同，但实质上都是一种故意作假行为。

适时穿插

10.5　用好手中的“武器”——坚持准则

案例评析

“您说等于几就是几”

【背景资料】

某公司招聘会计，经理亲自担任考官，他向所有应聘者只提一个问题，即“1 + 1 = ?”。应聘者一个接一个地进来，有的说等于1，有的说等于2，也有的说等于3……经理都摇头表示不满意。只有一位应聘者听了经理的问题后，转身将门关好，然后走到经理面前，附在经理耳边说：“您说等于几就是几。”经理满意地点点头，结果此人被录用了。

评析解读

如果真有这么一位经理，你会成为一位唯命是从的会计吗？

案例中的应聘者虽然如愿以偿，但是我们可以想象得出，一旦他真正走上工作岗位之后，什么法律法规、职业道德都会抛之脑后，一个唯领导马首是瞻的人，他会把法律法规、职业道德嗤之以鼻。会计准则对于这样的领导、这样的会计来说只是一堆没有任何意义的文字和符号，而受损的是国家利益和公众利益。

《吕氏春秋》云:“欲知平直,则必准绳;欲知方圆,则必规矩。”会计工作中的“规矩”是什么?它就是会计人员从事会计工作所遵守的行为规范或具体要求;“方圆”就是要求会计人员在处理业务过程中,严格按照会计准则办事,把好财务收支合法性、合理性的关口,做到依法理财。

坚持准则是要求会计人员在处理业务过程中,严格按照会计法律制度办事,不受自己的主观意识或者他人的意志所左右。

10.5.1 熟悉准则

熟悉准则即要求会计人员了解和掌握《会计法》和国家统一的会计制度以及与会计相关的法律制度。

10.5.2 遵循准则

遵循准则即执行准则,即要求会计人员严格按照准则要求办事,实事求是、客观公正地处理经济业务,做到“不唯上、不唯情、不唯钱、只唯法”。

10.5.3 坚持准则

坚持准则即要求会计人员在日常工作中不受他人意志所左右,对违反准则的行为给予坚决抵制。

问题研讨

怎样理解“坚持准则是依法办事的基石”?

据调查,当会计人员在工作中,本着实事求是、客观公正精神,坚持原则处理会计事务,同单位负责人的意见产生分歧时,16.87 %的会计人员认为应当做到坚持原则,21.86 %的会计人员认为应直接按单位负责人的意见办,61.27 %的会计人员认为应做好“技术处理”,以使单位负责人的意见得到执行。令人震惊的是,在遇到这种情况时,居然有占83.13 %的会计人员认为应按单位负责人意见,掩盖问题,应付有关部门的监督检查。

适时穿插

10.6 命运我把握——提高技能

案例评析

“红而不专”

【背景资料】

辛某是一汽车零配件制造公司的一名老财会,工作勤勤恳恳,任劳任怨,做事从来都是认事不认人，人称“铁面辛公”。不过辛某有一个“顽疾”：每年职称考试都不参加，他的理由是自己已有会计从业资格证，依靠自己的工作经验足以胜任职责，而且又不求名图利，何必劳神自己。由于辛某做事原则，认真负责，从未出现过差错，公司经理对他的这种想法也无可奈何。

评析解读

针对辛某的表现，根据会计工作的两大支撑点——职业技能和道德水平来分析，辛某可以说是不称职的。因为会计职业技能是会计工作的灵魂。如果会计人员只有良好的会计职业道德而没有较高的职业技能势必会使会计工作失去依托，也是不符合会计职业道德中的“提高技能”规范的要求的；而没有良好的德行滋润，技能越高，其破坏力越大，最终将毁掉会计职业。因此，良好的职业道德和过硬的专业技能是相得益彰的，遵守会计职业道德客观上需要不断提高会计职业技能。

10.6.1 增强提高专业技能的自觉性和紧迫感

提高技能是会计人员在实际工作中通过合理途径自动更新知识、不断提高会计理论水平和会计实务能力、提高职业判断能力和沟通交流能力，从而适应不断变化的经济环境。

会计人员要适应时代发展的步伐，就要有危机感、紧迫感，要有不断提高专业技能的愿望和要求，这样才能经常留心业内信息、注意业内动向，主动求知、精益求精。

10.6.2 勤学苦练，不断进取

据统计，我国目前有1 200多万会计人员，数量虽多，但总体素质并不高。社会上很多人认为只要识字、会算账就能当会计。他们以为会计就是“一把算盘一支笔，一二三四五六七”，其实这是对会计工作的极大误解。会计工作是为单位生财、聚财、用财和治财的一门学问。要求会计人员必须努力精通业务，熟练掌握本专业的理论知识、操作技能，优化会计知识结构，对业务精益求精。

问题研讨

法兰西帝国的缔造者拿破仑说：“我们应当努力奋斗，有所作为。这样，我们就可以说，我们没有虚度年华，并有可能在时间的沙滩上留下我们的足迹。”结合实际，你怎样理解这段话？

据财政部统计，2004年，国有企业单位和县级以上集体所有制单位持证在岗的会计人员中，有20.43%的人员学历没有达到中专以上水平，其他经济组织持证在岗会计人员中，有26.68%的人员没有达到中专以上学历水平。

适时穿插

10.7 转换角色，提高魅力——参与管理

案例评析

为管理服务

【背景资料】

某公交公司因经营管理不善而长年亏损，新上任的财务部经理张某抓住公司经营管理中的薄弱环节，以强化成本核算和管理为突破口，将成本逐层分解至每一辆车辆及其司乘人员，并创建了成本监控中心，不仅使每日、每车的营运收支情况一目了然，而且对异常成本变动能立即采取应对措施。有效的成本管理为公司领导作出扩大购车规模、增强营运能力的决策提供了科学依据。经过努力，公司营业收入在3年内翻两番，彻底扭转了亏损局面。

评析解读

张经理之所以能帮助单位摆脱困境，起死回生，很重要的一条就是具有强烈的参与企业管理的主人翁意识和积极进取的精神。而能参与管理、协助决策，有赖于其对企业的经营特点有深入细致的了解，熟悉法律法规、大胆创新，不断提高职业技能。正是由于专业知识和工作经验的积累、角色意识的增强，使他有能力投身到企业的经营管理之中，实现自身的价值。

10.7.1 管理自己，奠定基础

参与管理是通过记账、算账、报账、预测、分析和考核等手段向管理者提供财务会计信息，为管理活动提供合理化建议，为管理者当参谋。

会计人员首先要学会管理自己，即不能故步自封，满足于已有的知识和技能，不能总是消极被动地记账、算账、报账，还应当熟悉本企业的生产经营、业务流程和管理情况，运用掌握的财务会计信息和会计方法，积极参与预测、决策，做到参与管理。

10.7.2 熟悉业务，协助决策

会计人员要充分利用自己的一技之长，对大量的会计信息进行分析，找出经营管理中的问题和症结，提出改进的意见和措施，把管理当成日常工作的重要部分，从而使会计的事后反映变为事前的预测分析，真正起到当家理财的作用，成为决策层的参谋助手。也只有在这种情况下，才能真正体现会计人员管理的价值，真正提升自己的角色魅力。

问题研讨

怎样树立“一荣俱荣，一损俱损”的主人翁意识？

苏联教育家马卡连柯说：如果集体的成员把集体的前景看做个人的前景，集体愈大，个人也就愈美，愈高尚。

适时穿插

10.8 缔造和谐，树立形象——强化服务

案例评析

“这是我的本分”

【背景资料】

1996年5月的一天，济南工商银行大观园储蓄所赵安同志接待了一对前来存款的夫妻，钱装在一只编织袋中，他们是做水果生意的，钱又散、又乱、又破旧。存款凭条上填写的数目是7.4万元。赵安同志细心地数了2遍，都是8.4万元。赵安对这对夫妻说，你们数错了。他们不信，又数了一遍，果真是8.4万元。这对夫妻对赵安同志热忱服务、诚实不欺的高尚品德十分感激。可是，赵安同志只平静地说了一声：“这是我的本分。”事情传出去以后，引来许多前来存款的生意人。

评析解读

心诚色温，气和辞婉，必能动人。这句话放在赵安同志身上最为适用。平凡而又琐碎的日常工作，本来就是一种考验。赵安同志不仅没有对工作怨声载道，反而以极大的热情、周到的服务、文明的态度来对待顾客。这归功于他心中有一杆秤：服务是天职，服务是本分。这体现了他高尚的职业道德情操和良好的精神风貌。

10.8.1 亮出你的“身份证”

会计是一项服务性很强的管理工作，如果说爱岗敬业是会计职业道德的出发点，那么强化服务则是会计职业道德的归宿点，是会计工作的宗旨，也是行业文明的标志。

强化服务要求会计人员在提供服务的过程中具有强烈的服务意识、文明的服务态度和优良的服务质量，以提高服务对象的满意度。

会计人员应树立起强烈的服务意识，摆正自己的工作位置，切忌盛气凌人、骄傲自满。切不可养成“官大办得快，官小办得慢，无官拖着办”，“利多马上办，利小慢慢办，无利就不办”的工作作风。

常言道：“良言一句三冬暖，恶语伤人六月寒。”亮出你的“身份证”——态度温和，语言文明，平等待人，尊重事实，谦虚谨慎，团结协作。

10.8.2 质量是关键

提高服务质量是强化服务的关键。在坚持原则、坚持会计准则的基础上，会计人员能否认真履行其责任和义务，顺利、及时、保质保量地完成所承担的工作就是检验会计服务质量的唯一标准。

问题研讨

英国哲学家培根说：“和蔼可亲的态度是永远的介绍信。”我们怎样增强服务的意识和文明的态度？

一首传自美国的微笑诗充分说明了文明服务的价值。这首诗的内容是这样的：它不需要成本，却创造价值连城，它并不使给予者贫穷，却使接受者富有。它发生在一瞬间，却在记忆中永存。没有人富裕得可以不需要它，贫穷的人却因受益于它而更充实。它是朋友给予的回报，它给疲惫者带来慰藉，给灰心者带来希望，给悲哀者带来光明，它是消除烦恼的天然良药。

适时穿插

自我测试

一、单项选择题（在题后的四个备选答案中，选出正确的答案填入题干后面的括号中）

1. 会计人员对于工作中知悉的商业秘密应依法保密，不得泄露，这是会计职业道德中(　　)的具体体现。

A. 诚实守信　　B. 廉洁自律

C. 客观公正　　D. 坚持准则

2. “理万金分文不沾”、“常在河边走，就是不湿鞋”体现的会计职业道德是(　　)。

A. 参与管理　　B. 廉洁自律

C. 提高技能　　D. 强化服务

3. 会计人员在工作中应主动就单位经营管理中存在的问题提出合理化建议，协助领导决策，这是会计职业道德中的(　　)所要求的。

A. 提高技能　　B. 参与管理

C. 坚持准则　　D. 爱岗敬业

4. 中国现代会计学之父(　　)认为诚信是会计职业道德内容中的主要规范。

A. 潘序伦　　B. 卢卡

C. 金人庆　　D. 葛家澍

5. 中国古代先贤把“在不为人知的情况下，仍能坚守自己的道德信念”称之为(　　)。

A. 慎独　　B. 内向

C. 忠诚　　D. 谦让

6. (　　)是会计人员应具备的最为基本的职业精神。

A. 依法理财、廉洁奉公　　B. 实事求是、正确反映

C. 一丝不苟、严谨细致　　D. 忠于事业、无私奉献

7. 某公司财务部门年末时发现，该年度业务招待费超过规定的开支标准，于是会计人员按照领导意图，搞来一些假发票，准备将超支的业务招待费列入管理费用。会计人员的行为违反了会计职业道德中的(　　)。

A. 廉洁自律　　B. 爱岗敬业

C. 参与管理　　D. 坚持准则

8. 在会计职业中，(　　)是会计人员必须具备的行为品德，是会计职业道德规范的灵魂。

A. 廉洁自律　　B. 坚持准则

C. 客观公正　　D. 提高技能

二、多项选择题(在题后的四个备选答案中，选出2至4个正确的答案填入题干后面的括号中)

1. 职业道德是会计人员在会计工作中应当遵守的纪律和标准。下列各项中，属于会计人员职业道德规范的内容有(　　)。

A. 谦虚谨慎　　B. 开拓进取

C. 客观公正　　D. 敬岗爱业

2. 会计人员参与企业管理主要体现在(　　)。

A. 做好记账、算账和报账工作　　B. 一切按领导的要求去办

C. 主动提供合理化建议　　D. 向领导反映经营管理活动中存在的问题

3. 下列各项中，体现会计职业道德“爱岗敬业”要求的有(　　)。

A. 工作一丝不苟　　B. 工作尽职尽责

C. 工作精益求精　　D. 工作兢兢业业

4. 注册会计师的职业道德是(　　)。

A. 独立　　B. 公开

C. 公正　　D. 客观

5. 下列各项中，体现会计职业道德“诚实守信”要求的有(　　)。

A. 做老实人、说老实话、办老实事　　B. 言行一致、表里如一

C. 保守商业秘密，不为利益所诱　　D. 执业谨慎，信誉至上

6. 下列各项中，符合会计职业道德“廉洁自律”要求的有(　　)。

A. 树立正确的人生观和价值观　　B. 公私分明，不贪不占

C. 遵纪守法、尽职尽责　　D. 自觉抑制拜金主义、个人主义

7. 提高会计人员的技能主要是提高(　　)。

A. 会计理论水平　　B. 会计事务处理能力

C. 职业判断力　　　　　　　　　　　D. 自动更新知识能力

三、判断题(判断下列观点的正误,对的在括号中打"√",错的打"×")

1. 会计职业道德允许个人和各经济主体获取合法的自身利益。(　)

2. 爱岗敬业是会计职业道德的基本要求,是每个会计人员是否具有职业道德的首要标准。(　　)

3. 诚实守信关系到会计行业的生存和发展,是会计职业道德的根本和核心。(　　)

4. 客观公正要求会计人员端正态度,依法办事,实事求是,不偏不倚,保持应有的独立性。(　　)

5. 坚持准则不仅指会计准则,而且包括会计法律、法规、国家统一的会计制度以及与会计工作相关的法律制度。(　　)

6. 自律的核心就是用道德观念自觉地抵制自己的不良欲望。(　　)

7. 会计人员要忠于职守、尽职尽责,就是要忠于单位负责人,忠于社会公众,忠于国家。(　　)

8. 俗话说:"人非圣贤,孰能无过?"这说明了在会计工作中难免会有差错,有了错误不值得大惊小怪。(　　)

9. 谦虚好学,刻苦钻研,契而不舍,是练就高超的专业技术和过硬本领的唯一途径。(　　)

10. 会计人员要提高服务质量,应当无条件地满足服务主体的需要。(　　)

四、思考拓展

1. 请同学们搜索有关"安然事件"的资料,谈谈你对诚信在会计职业道德中的地位的看法。

2. 面对法律的制裁,有些会计人员仍然铤而走险,原因何在?从会计职业道德方面找原因能给我们什么启示?

五、案例分析

1. 2001 年 2 月,某商业银行按照财政部要求,决定在全行系统开展《会计法》执行情况检查。在检查中发现,该银行下属 C 支行行长李杰、副行长胡强、财会科长罗志刚利用联行清算系统存在的漏洞,将 C 支行的资金划转到由李杰等人控制的 D 企业名下,再从 D 企业的银行账户划转到境外由李杰等人控制的公司账户。经查实,C 支行负责清算业务的会计张军早就知道 C 支行几年来在联行系统中存在很不正常的巨额汇差,怀疑与李杰等人有关,但考虑到李杰是自己的直接领导,慑于李杰的地位和权威,认为多一事不如少一事,便没有声张,听之任之,直至案发。

请分析:

- 张军认为"多一事不如少一事"的想法,在会计岗位上会产生怎样的后果?
- 从会计职业道德方面分析张军的行为违背了哪些规范?

2. 某企业会计科长老王,年近花甲。从事会计工作已经 30 个年头,年轻时他用蘸水笔记的账远非工整一词所能涵盖,算盘打得噼噼啪啪,可谓"大珠小珠落玉盘"。科里开始实行会计电算化时,老王第一个报名学习电子计算机技术。当会计科长后,他主持起草内部核算制度,建章建制,时常加班加点,以厂为家。他常讲:"坚持好制度胜于做好事,制度大于天,人情薄于烟。"他自己也是一切按制度办事,一丝不苟。为了做好会计工作,他又学习了企业管理、市场营销等课程。一天晚上,为了给厂长提供有关资料,他与会计科的同事们一直忙得不亦乐乎。大约快到晚上 10 点的时候，老王说："我有些发闷，给我倒杯水，我把药吃了。"当同事把杯子递过去时，却发现老王的手抖个不停，脸也变成了酱紫色，赶紧将老王送往医院抢救。过了几天，老王从医院打来电话说，他在医院完成了内部财务管理制度的最后起草工作，想传到科里。

请分析：

- 老王的这种工作态度从会计职业道德上说明了什么？
- 作为一个会计人员，怎样才算胜任工作？怎样才符合会计职业道德要求？

11 修德永无止境——会计职业道德教育

学习目标

- 明确会计职业道德教育的内容、形式和途径，知晓会计职业道德教育是培养会计人员职业道德品质的起点，由此增强职业道德教育的意识
- 设计自己的教育模式，把自己学习的要求内化为自觉的行动
- 在自我教育与修养中，帮助自己解决存在的问题，完善自己的人格，升华自己的情操

会计教育不仅传授必需的技巧与知识，而且要灌输道德标准和敬业精神。

——美国会计学会

11.1 会计职业道德教育的内容

案例评析

"经验"之谈

【背景资料】

据2002年7月1日《长江日报》报道，武汉某高校一大学讲师曾在大学生课堂上"吹嘘"了2年多的"作假"经验，将自己在社会做兼职会计的做假账手法"传授"给学生。

该讲师在课堂上对学生大讲自己的实战经历：如何利用有关会计制度漏洞，什么时候将利润做高，什么时候做低，高多少为宜，低多少为妙；如何为老板从银行获得300万元的贷款；等等。他在课堂上分析，要向银行贷款，最重要的是企业要有良好的收益。如何"做出"收益，要根据贷款计划书中的资金流量、公司发展运行概况、负债率三项要求来考虑"做账"，利用各种技术处理，把负债率降低，资产很大，就虚增利润，直到达到要求……

评析解读

一个大学讲师居然在神圣的讲台上对自己的学子大肆吹嘘自己做假的“业绩”，可想而知，他所教出来的学生会有一种什么样的职业道德面貌！应该达成这样的共识：加强青年学生和会计从业人员的职业道德教育要像打扫房间、洗脸一样经常化。

会计职业道德教育是为了促使会计人员正确履行会计职能而对其施行有计划、有组织、有系统的道德教育活动。

会计职业道德教育的主要任务是帮助和引导会计人员培养会计职业道德情感，树立会计职业道德信念，遵守会计职业道德规范，使会计人员懂得什么可以为、什么可以不为、什么必须为、什么必须不为。

会计职业道德教育涵盖的内容很丰富，其中最为重要的是观念教育、规范教育和警示教育。

11.1.1 观念教育

会计职业道德观念教育主要是普及会计职业道德基础知识，使广大会计人员在思想上牢固树立会计职业道德观念，懂得什么是会计职业道德，它对社会经济秩序、会计信息质量的影响，以及违反会计职业道德将受到的惩罚和处罚。

11.1.2 规范教育

对会计人员开展以会计职业道德规范为核心内容的教育，使广大会计人员在自己的会计职业活动中，时刻以会计职业道德规范为自己的标准和行动的指南，检验自己在职业实践中的一言一行，树立起正确的会计职业道德观。

11.1.3 警示教育

要经常组织会计人员对违反会计职业道德行为和违法行为的典型案例进行讨论和剖析，从中得到启发和警示，提高法律意识、会计职业道德观念和辨别是非的能力。使每个会计人员真正做到一身正气、一尘不染、一心为公、一生奉献。

另外，与会计职业道德相关的教育还包括法制教育、形势教育、政策教育以及业务素质、心理素质等配套教育（图 11.1）。

图 11.1　与会计职业道德相关的教育

问题研讨

怎样理解“提高公民道德素质，教育是基础”？

房子是应该经常打扫的，不打扫就会积满灰尘，脸是应该经常洗的，不洗就会灰尘满面。

——毛泽东《论联合政府》

适时穿插

11.2 会计职业道德教育的途径

案例评析

伸手必被捉

【背景资料】

大学生王某，23岁，1998年毕业后即分配到某市一国债服务部，担任柜台出纳兼任金库保管员。1999年5月11日，王某偷偷从金库中取出1997年国库券30万元。4个月后，王某见无人知晓，胆子便大了起来，又取出50万元，通过证券公司融资回购方法，拆借人民币89.91万元。后来王某因炒股赔了钱，在无力返还单位债券的情况下，索性将金库里剩余的14.03万元国库券和股市上所有的73.7万元人民币全部取出后潜逃。案发后，当地人民检察院立案侦查，王某迫于各种压力，于2000年1月8日投案自首，检察院依法对其提起公诉。

评析解读

王某贼胆包天，可以说是内部会计控制制度松懈的结果，但从根本上说，原因在于王某的道德标准下滑，真假、善恶、美丑、是非界限模糊，无法抑制内心不良欲望，无法约束自身不良行为。王某刚跨出校门就走上犯罪道路，说明他在学校缺乏会计职业道德教育，没有丝毫会计职业道德观念和法制观念，内心深处的道德防线不堪一击。此外，也说明在学历教育阶段和继续教育阶段加强会计职业道德教育已刻不容缓，加强自我教育与修养亦为当务之急。

11.2.1 接受教育

接受教育是通过学校或培训单位对会计人员进行以职业责任、职业义务为核心内容的正面灌输，以规范其职业行为、维护国家和社会公众利益的教育。

1. 会计学历教育是会计职业道德教育的基础环节

从目前我国的情况来看，会计人员主要来源于大中专学校。据统计，我国每年有10万左右的学生进入会计队伍的行列。因此，在会计专业学历教育中进行会计职业道德教育是一种源头教育，处于十分重要的基础性地位。

2. 会计从业人员在继续教育中须强化会计职业道德

继续教育是会计从业人员在完成某一阶段专业学习后，需要重新接受一定形式的、有组织的、知识更新的教育和培训活动。

会计人员继续教育主要通过会计职业道德信念教育、会计职业义务教育、会计职业荣誉教育等方式，使会计人员养成良好的会计职业道德品行。

11.2.2 自我教育与修养

虽然继续教育对会计人员的知识更新和职业道德的强化起到重要的作用，但是外因只有和内因相结合并通过内因才能发挥其作用。可见，会计人员的知识水平特别是职业道德品质的高低主要依赖于其自我教育的效果。

1. 自我教育

自我教育是一种自我学习、自我修养的行为活动，是个人主动地提出道德修养目标，并以实际行动努力完善或培养自己人格品质的过程。

会计人员应在自我教育中培养高尚的职业道德情操，磨练坚强的职业道德意志，树立坚定的职业道德信念，做到自我批评、自我警示、自我慎独。

2. 自我修养

讲道德，离不开谈修养。

会计职业道德修养，是指会计人员依照会计职业道德原则进行的自我教育、自我改造、自我锻炼、自我提高的活动。

会计职业道德修养不仅包括会计人员根据会计职业道德原则和规范而进行的反省、检查、自我批评和自我剖析，而且包括在职业活动中所形成的待人接物和工作处理中的举止、仪貌、情操以及应达到的境界。

社会实践是会计职业道德修养的最根本途径和方法。实践是会计职业道德修养的基础，是检验会计人员职业道德品质的试金石，也是道德修养的目的和归宿。

问题研讨

我国教育家叶圣陶先生说："教育的目的就是为了不教育。"你怎样理解这句话的深刻内涵？

苏联教育家苏霍姆林斯基曾说："只有能够激发孩子去进行自我教育的教育，才是真正的教育。如果一个人直到十七八岁，还只是感到自己是个受教育者……直到成年都被人搀着走路，用过多的玩乐和满足去喂养他，这样做只能在他的精神里播种空虚和无聊。"

适时穿插

自我测试

一、单项选择题（在题后的四个备选答案中，选出正确的答案填入题干后面的括号中）

1. 培养优良的会计职业品德，塑造高尚的会计职业情操，关键在于（　）。

A. 自身修养　　B. 社会关注

C. 职业教育　　D. 资金投入

2. 道德修养的基础是（　）。

A. 学习　　B. 个人素质

C. 实践　　D. 环境

3. 加强会计职业道德观念教育主要是为了（　）。

A. 树立政治观念　　B. 学习会计专业知识

C. 学习会计职业道德基础知识　　D. 培养法律意识

4. 会计职业道德教育的基础环节是（　）。

A. 自我教育　　B. 自我修养

C. 学历教育　　D. 继续教育

5. 衡量会计人员职业道德修养程度的标准是（　）。

A. 自身实践　　B. 工作态度

C. 理论水平　　D. 业务成果

6. 会计人员职业道德品质的高低主要依赖于（　）。

A. 理论灌输　　B. 自我教育

C. 环境影响　　D. 同事关系

7. 会计职业道德修养的目的和归宿是（　）。

A. 自我完善　　B. 积善修德

C. 社会实践　　D. 闭门思过

8.（　）是会计职业道德教育的核心内容。

A. 会计职业道德观念教育　　B. 会计职业道德规范教育

C. 会计职业道德警示教育　　D. 其他与会计职业道德相关的教育

9. 不属于会计人员继续教育内容的是（　）

A. 法制教育　　B. 品德教育

C. 行为教育　　D. 形势教育

二、多项选择题（在题后的四个备选答案中，选出2至4个正确的答案填入题干后面的括号中）

1. 会计职业道德教育的主要形式有（　）。

A. 正面教育　　B. 接受教育

C. 示范教育　　D. 自我教育

2. 会计职业道德教育是一个系统工程，它必须与（　）结合起来。

A. 家庭教育　　B. 社会教育

C. 学校教育　　　　　　　　　　D. 岗位教育

3. 下列有关会计职业道德教育的表述正确的有(　　　　)。

A. 会计职业道德教育是提高会计职业道德水平的重要途径

B. 会计职业道德的形成离不开宣传教育

C. 会计职业道德教育是一种道德影响活动

D. 会计法制教育属于职业道德教育的重要内容

4. 开展会计职业道德教育活动的意义在于(　　　　)。

A. 培养会计职业道德情感　　　　B. 树立会计职业道德观念

C. 提高会计职业道德水平　　　　D. 促使会计职业健康发展

5. 会计职业道德教育的目的包括(　　　　)。

A. 帮助会计人员认知会计职业道德规范

B. 促使会计人员提高职业道德自律能力

C. 引导会计人员树立良好的道德观念

D. 培养会计人员爱岗敬业的风尚

三、判断题(判断下列观点的正误,对的在括号中打“√”,错的打“×”)

1. 会计职业道德品质形成的基础是知识。(　　)

2. 社会舆论是衡量会计人员职业道德修养程度与水平的标准。(　　)

3. 会计人员的自我教育是最重要的会计职业道德教育方式。(　　)

4. 会计人员对会计职业道德的理论、原理、规范和准则有了认识,就能自觉地实践会计职业道德义务。(　　)

5. 在道德教育中只要领会教育的精神实质就够了,不需要个人的主观努力。(　　)

6. 财政部门是会计工作的主管部门,因此,会计人员职业道德教育主要应由财政部门来实施,其他部门配合。(　　)

7. 会计人员对大是大非问题不能马虎,但对“小节”问题可以迁就。(　　)

8. 会计职业道德修养中,会计职业道德情感的培养比会计知识的拓展更重要。(　　)

9. 会计人员职业道德水平的高低主要取决于个人的智力和学历。(　　)

10. 加强会计职业道德教育是搞好精神文明建设的需要。(　　)

11. 会计职业道德教育的主要任务是培养会计人员,使其具有优秀的会计职业道德综合素质。(　　)

12. 连续三年没有参加继续教育或未完成规定学时的,其会计从业资格证书自行失效,按新修订的《会计法》规定,需要五年后重新取得会计从业资格。(　　)

13. 会计职业道德教育要贯穿整个会计人员继续教育的始终。(　　)

14. 会计职业道德教育要取得成效,自我教育是至关重要的。(　　)

15. 外在的会计职业道德教育要通过内在的自我教育才能实现。(　　)

16. 学校是进行系统道德教育的重要阵地。(　　)

四、思考拓展

1. 有的同学认为:增强会计职业道德观念,只要依靠自我教育和修养就行,相信自己有这个自觉性和认识水平,可以不需要学历阶段的职业道德教育。你如何看待这种观点?

2. 你认为在学历教育阶段加强会计职业道德教育，作为学校还应该作出什么努力？

3. 我们学生怎样结合自身的专业参与社会实践？

4. 我们应该怎样加强职业道德的自我教育与修养？

五、案例分析

某公司会计小盛是刚刚走上工作岗位的一位中等职业学校毕业生，在日常工作中还算尽职尽责。某日，公司安排小盛和会计主管去参加一个培训班，学习内部会计控制与会计职业道德教育的内容。小盛当面没说什么，可背后和同事谈论时，却认为进行会计职业道德教育培训纯粹是多余的，是没事找事，即使不参加培训，相信自己也是经得起考验的。并且为自己找了一大堆理由：

- 个人没有什么主动性；
- 外在的奖惩制度起根本性作用；
- 会计职业道德培训只是教化的过程。

请分析：你怎样看待小盛的观点？当我们参加工作后应该如何对待职业培训？

12 综合治理　通力合作

学习目标

- 明晰会计职业道德的检查与奖惩是会计职业道德规范体系的重要组成部分
- 懂得会计职业道德是在整个社会实践中展开的，需要综合运用经济、法律、行政、自律等手段予以实现
- 明确会计职业道德的建设需要道德环境的营造

万人操弓，共射一招，招无不中。

——小雨・人生格言录. 北京:金城出版社,2003

12.1　多管齐下，奖惩分明

案例评析

履行监督

【背景资料】

某食品厂系小规模纳税人。财政机关根据群众举报该单位销售不入账情况，决定派人对其纳税情况进行全面检查。

在检查中了解到，该厂共有职工70人，但上年全年产品销售收入仅有20 000元。检查人员首先从产品销售的原始单据、发票开始检查，将开出的销售发票金额累计后得出该厂当年1—6月份实现销售收入900 000元，而该厂自报销售额160 000元，匿报了销售额740 000元；然后将企业产品销售账户的每项业务匿报销售收入的数字和手法全面查清：

① 该厂实现产品销售后，将产品销售收入减去材料成本后的差额记入销售收入账户，共计少报销售额510 000元。

② 已开出的销售发票，记入其他应付款账户，有意少报销售额共50 000元。

③ 将实现的销售收入不记入销售收入账户而记入预收款账户，以逃避纳税义务，共计80 000元。

④ 已经开出销售发票而不记账100 000元。

评析解读

财政部门作为《会计法》的执法主体,可以依法对社会各单位执行会计法律制度情况及会计信息质量和会计职业道德情况进行不同形式的检查或抽查。本案例中,一方面说明该厂在执行有关会计法律规定中存在严重违法行为和违背会计职业道德的行径,另一方面也说明财政部门严格执法,履行监督职责。从会计职业道德角度来看,上述检查的内容实际上与会计职业道德规范中的爱岗敬业、诚实守信、客观公正、坚持准则等规范是紧密联系在一起的。因此,财政部门的检查监督客观上督促了各单位严格执行会计法律制度,促进了各单位会计职业道德的建设。

12.1.1 财政部门的监督检查

会计职业道德检查是以会计职业道德原则和规范为标准对会计人员和从事会计业务的行为实体的职业行为进行道德或不道德的评价。

财政部门作为会计行业的主管部门,可以采取多种方式对会计职业道德情况实施必要的监督检查:

- 将会计执法检查与会计职业道德检查相结合;
- 将会计从业资格证书注册登记管理与会计职业道德检查相结合;
- 将会计专业技术资格考评、聘用与会计职业道德检查相结合。

12.1.2 会计职业组织的管理与约束

会计人员如果没有违法但违背了会计职业道德的规定,就应该受到道德上的谴责和惩戒。在会计职业自律组织比较健全的情况下,可以由职业团体通过自律性监管,根据情节轻重程度采取通报批评、罚款、支付费用、取消其会员资格、警告、参加后续教育等方式,对违背会计职业道德规范的行为进行相应的惩罚。

在我国,目前主要由中国注册会计师协会作为注册会计师的职业自律组织。

12.1.3 建立奖惩机制

赏罚在道德调控机制中有着举足轻重的作用。它借助于利益杠杆,强烈刺激人们基于功利心、荣辱心需求而产生的喜赏畏罚的心理来起作用。

依据《会计法》等法律法规,建立激励机制,对会计人员遵守职业道德情况进行考核与奖励。会计人员违反职业道德,情节严重的,由财政部门吊销其会计从业资格证书。

问题研讨

结合学习实际，谈谈奖惩机制在会计职业道德教育方面的作用。

《会计基础工作规范》第二十四条规定："财政部门、业务主管部门和各单位应当定期检查会计人员遵守职业道德的情况，并作为会计人员晋升、晋级、聘任专业职务、表彰奖励的重要考核依据。会计人员违反职业道德的，由所在单位进行处罚；情节严重的，由会计证（会计从业资格证书）发证机关吊销其会计证（会计从业资格证书）。"

适时穿插

12.2 加强环境建设

案例评析

营造氛围

【背景资料】

山东省济南市财政局与济南市电视台合作录制了一套名为《罪与罚》的电视系列节目，自2000年7月1日起在全市财政干部中进行宣传教育，并通过各级财政部门与会计行业组织、各企事业单位协调配合，以各种形式组织全市会计人员观看。片中对有关会计人员的职务犯罪与处罚进行了生动形象的解剖，触目惊心的犯罪事实给广大会计人员以深刻的警示。该节目同时还在电视台多次播出，营造了良好的会计职业道德建设的社会氛围。

评析解读

财政部门作为会计工作的主管部门，应当意识到会计职业道德建设是会计管理工作的重要组成部分。济南市财政局的做法充分体现了会计主管部门的职责。会计主管部门及有关部门应因地制宜地积极探索会计职业道德建设的有效实现形式，制订切实可行的宣传方案，采取灵活多样的宣传形式，并发动社会各种力量，发挥它们在会计职业道德建设中的作用，共同营造会计职业道德建设的良好氛围。

12.2.1 财政部门的职责

财政部门组织和推动会计职业道德建设，依法行政，探索会计职业道德建设的有效途径和实现方式。

12.2.2 会计职业组织的职责

会计职业组织建立职业自律机制和会计职业道德惩戒制度。

12.2.3 企事业单位的职责

企事业单位任用合格会计人员，开展会计人员职业道德教育，建立和完善内部控制制度，形成内部约束机制，防范舞弊和经营风险，支持并督促会计人员遵循会计职业道德，依法开展会计工作。

12.2.4 社会的职责

社会各界各尽其责，相互配合，齐抓共管；社会舆论监督，形成良好的社会氛围（图 12.1）。

图 12.1 齐抓共管求和谐

说说外部环境的建设对会计职业道德观念的树立有什么影响。

加强会计职业道德建设，目前较为先进国家的会计职业组织常用的措施有设立职业道德委员会和制定并严格执行职业道德惩戒等。职业道德委员会专司职业道德规范的制定、解释、修订和实施之职；实施职业道德惩戒按调查分析和确认事实、确定适用规则条款、作出决定、执行决定等几个阶段进行。

适时穿插

自我测试

一、单项选择题（在题后的四个备选答案中，选出正确的答案填入题干后面的括号中）

1. 会计人员违反职业道德，情节严重的，由财政部门（　　）。

A. 处2 000元以上20 000元以下的罚款
B. 吊销会计从业资格证书
C. 禁止参加会计从业资格考试
D. 禁止参加会计专业技术资格考试

2. (　　)和各单位应当定期检查会计人员遵守职业道德的情况,并作为会计人员晋升、晋级、聘任专业职务、表彰奖励的重要考核依据。

A. 财政部门、业务主管部门
B. 财政部门、税务部门
C. 工商行政管理部门、地方税务部门
D. 注册会计师协会、审计部门

3. 会计职业道德的检查可以通过(　　)方式进行。

A. 政府监管与自我监督
B. 行业自律和自我监督
C. 行业自律和上级单位监督
D. 政府监管和行业自律

4. 搞好会计职业道德建设的关键在于(　　)。

A. 加强和改善会计职业道德建设的组织和领导
B. 制定完善的会计法律体系
C. 对违反会计职业道德的行为进行严厉制裁
D. 社会舆论监督,形成良好的社会氛围

5. 会计职业组织对会计人员遵循职业道德情况进行检查,并根据检查结果进行表彰或惩戒。这种制度属于(　　)。

A. 服务机制
B. 他律机制
C. 自我调控机制
D. 行政管理机制

二、多项选择题(在题后的四个备选答案中,选出2至4个正确的答案填入题干后面的括号中)

1. 财政部门对会计职业道德进行检查的方法有(　　)。

A. 将《会计法》执法检查与会计职业道德检查相结合
B. 将会计从业资格证书注册登记管理检查与会计职业道德检查相结合
C. 将会计专业技术资格考评、聘用与会计职业道德检查相结合
D. 将会计人员表彰制度与会计职业道德检查相结合

2. 会计职业道德规范的实施途径主要有(　　)。

A. 自我修养与外部监督相结合
B. 宣传教育与检查惩戒相结合
C. 行业自律与政府监督相结合
D. 道德规范与法律监管相结合

3. 会计职业道德奖惩机制包括的内容有(　　)。

A. 对遵守职业道德规范的会计人员给予奖励、褒扬
B. 对违背职业道德规范的会计人员给予惩处、贬抑
C. 对违法的会计人员给予行政处罚
D. 对违法的会计人员给予刑事处罚

4. 对违反会计职业道德规范的人员应当给予必要的道德制裁,其制裁形式主要有(　　)。

A. 追究刑事责任
B. 给予行政处分
C. 通报批评
D. 责令其参加继续教育

5. 对会计人员职业道德情况进行考核评价的具体方式有(　　)。

A. 由会计人员对照标准要求进行自我检查

B. 由会计人员所在单位组织互相检查

C. 由会计职业团体或所在单位组织公开检查

D. 由财政部门组织深入检查

6. 下列单位或部门中,可以对违反职业道德的会计人员进行处罚的有(　　)。

A. 财政部门　　B. 业务主管部门

C. 行业自律组织　　D. 所在单位

三、判断题(判断下列观点的正误,对的在括号中打"√",错的打"×")

1. 会计人员违反职业道德的,由所在单位进行处罚,情节严重的,由财政部门吊销其会计从业资格证书。(　　)

2. 会计人员遵守会计职业道德情况是会计人员晋升、晋级、聘任会计专业职务、表彰奖励的主要考核依据。(　　)

3. 开展《会计法》执法检查,同时也是对会计人员是否遵守会计职业道德规范情况进行了检查。(　　)

4. 对于那些自觉遵守会计职业道德规范的优秀会计人员,《会计法》明确规定应当给予物质奖励。(　　)

5. 财政部门可以通过将会计从业资格证书注册登记管理与会计职业道德检查相结合的途径来实现对会计职业道德的检查。(　　)

6. 对会计人员实行奖惩机制有利于会计人员形成良好的道德情感。(　　)

7. 奖惩机制是抑恶扬善的唯一的杠杆。(　　)

四、思考拓展

1. 财政部门可以通过哪些方式开展会计职业道德检查?

2. 环境与制度可能会有漏洞,但是做人的道德标准为什么不能舍弃?

五、案例分析

美国的社会心理学家曾做过一个有趣的实验。这个实验设定了一个简单的场景:在一条僻静的道路停放了一辆豪华的敞篷轿车,车内放有若干贵重物品,然后在离道路一定距离的很隐蔽的地方安置了几架长焦距摄像机,从不同角度全方位监视着汽车和附近的情况。监视发现,驾车路过此地的人,对车上的物品予以极大的关注。当驾驶员确信周围无人时,便打开车门,将敞篷车内的贵重物品拿到自己的车里便扬长而去。也有人路过后,又折回来,停下车,拿取物品再迅速离开。后经查证发现,顺手牵羊者中间既有冠冕堂皇的绅士、淑女,也有普通百姓,既有白领,也有蓝领。

请分析:

- 当人们的行为处于可以不被发现,可以逃避处罚、指责的情况下,道德准则还可以被遵循吗?
- 在建立会计职业道德体系时,能仅仅依靠人们的觉悟、境界吗?还需要依靠什么?
- 怎样理解"丧失道德的成本大于获得的收益"?

附录　模拟试题

一、单项选择题（在题后的四个备选答案中，选出正确的答案填入题干后面的括号中）

1. 某一外商投资企业业务收支以美元为主，也有少量的人民币收支业务，根据《会计法》的规定，为方便会计核算，该单位可以采用（　　）作为记账本位币。

A. 人民币　　B. 人民币和美元

C. 欧元　　D. 美元

2.《会计法》规定：各单位应依据（　　）的需要设置会计机构，或者在有关机构中设置会计人员并指定会计主管人员。

A. 单位营业收入　　B. 会计人员数量

C. 会计业务　　D. 单位的规模

3. 根据《会计从业资格管理办法》规定，持证人员从事会计工作，应当自从事会计工作之日起（　　）日内，向会计从业资格管理部门办理注册登记。

A. 15　　B. 30

C. 60　　D. 90

4. 根据《会计法》的规定，对于伪造、变造会计凭证、会计账簿，编制虚假财务会计报告，尚不构成犯罪的，县级以上人民政府财政部门可以对单位处（　　）罚款。

A. 3 000 元以上 5 万元以下　　B. 5 000 元以上 10 万元以下

C. 1 万元以上 10 万元以下　　D. 2 万元以上 20 万元以下

5. 银行结算账户的监督管理部门是（　　）。

A. 中国人民银行　　B. 各级财政部门

C. 各开户银行　　D. 国务院及地方各级人民政府

6. 支票的提示付款期限为自出票日起（　　）。

A. 7 日　　B. 10 日

C. 1 个月　　D. 3 个月

7. 会计核算工作的首要环节是（　　）。

A. 填制审核会计凭证　　B. 设置科目和账户

C. 登记账簿　　D. 复式记账

8. 会计资料形成的基础环节是（　　）。

A. 会计凭证　　B. 日记账

C. 明细账　　　　　　　　　　　　D. 总账

9. 基本的会计记账规则是(　　)。

A. 根据审核无误的原始凭证登记记账凭证

B. 根据审核无误的记账凭证登记账簿

C. 根据审核无误的会计凭证登记账簿

D. 有借必有贷,借贷必相符

10.《会计法》重点关注的问题是(　　)。

A. 凭证的填制和审核　　　　　　B. 账簿的登记

C. 核算的方法　　　　　　　　　D. 报告的编制

11. 在填制原始凭证时,货物名称不写明细规格的属于(　　)的原始凭证。

A. 虚假的　　　　　　　　　　　B. 不完整的

C. 不准确的　　　　　　　　　　D. 不真实的

12. 凡有法律、法规规定的(　　)、应税财产或应税行为的各类纳税人,均应当按照《税收征收管理法》及其实施细则和国家税务局印发的《税务登记管理办法》规定办理税务登记。

A. 收入　　　　　　　　　　　　B. 现金收入

C. 劳务收入　　　　　　　　　　D. 应税收入

13. 从事生产、经营的纳税人领取工商营业执照(含临时工商营业执照)的,应当自领取工商营业执照之日起(　　)日内申报办理税务登记。

A. 20　　　　　　　　　　　　　B. 30

C. 50　　　　　　　　　　　　　D. 60

14.(　　)是指由纳税人依据账簿记载,先自行计算缴纳税款,事后由税务机关查账核实,如有不符合税法规定的,则多退少补的一种税款征收方式。

A. 查定征收　　　　　　　　　　B. 查验征收

C. 查账征收　　　　　　　　　　D. 自报核缴

15. 纳税人停业期满未按时复业又不申请延长停业的,税务机关应当视为(　　)。

A. 自动注销税务登记　　　　　　B. 已恢复营业,实施正常的税收征收管理

C. 自动延长停业登记　　　　　　D. 纳税人已自动接受罚款处理

16. 敬业是一种对待自己职业的应有态度,核心要求是(　　)。

A. 对待工作可以应付　　　　　　B. 对待工作勤奋努力,精益求精,尽职尽责

C. 努力工作只为挣钱养家　　　　D. 认真工作是为了受到领导群众的好评

17. 会计职业声誉的"试金石"是(　　)。

A. 廉洁自律　　　　　　　　　　B. 客观公正

C. 爱岗敬业　　　　　　　　　　D. 坚持准则

18. 一个人在经济社会中进行经济行为的立足之本是(　　)。

A. 信用　　　　　　　　　　　　B. 道德

C. 法律　　　　　　　　　　　　D. 尊严

19. 职业道德教育所要达到的最高成就是(　　)。

A. 形成职业道德情感　　　　　　B. 形成职业道德信念

C. 形成职业道德意志　　　　　　　　D. 形成职业道德习惯

20. 最基础的会计职业道德教育是(　　)。

A. 形势教育　　　　　　　　B. 品德教育

C. 法制教育　　　　　　　　D. 公德教育

二、多项选择题(在题后的四个备选答案中,选出2至4个正确的答案填入题干后面的括号中)

1. 财政部门在会计人员管理中的工作职责主要包括(　　)。

A. 会计从业资格管理　　　　　　　　B. 会计专业技术职务资格管理

C. 会计人员评优表彰奖惩　　　　　　D. 会计人员继续教育管理

2. 财务会计报告由(　　)组成。

A. 会计报表　　　　　　　　B. 会计报表附注

C. 财务情况说明书　　　　　D. 经济活动分析书

3. 在下列各项中,根据《会计从业资格管理办法》的规定,必须取得会计从业资格证书后才能从事的工作有(　　)。

A. 会计机构负责人　　　　　B. 出纳

C. 资本、基金核算　　　　　D. 会计机构内会计档案管理

4. 以下各项中属于对会计人员的业务管理的是(　　)。

A. 会计人员的任免　　　　　　　　B. 会计人员的从业资格管理

C. 会计人员的专业技术职务资格管理　D. 会计人员的继续教育管理

5. 会计核算包括(　　)。

A. 事前预测　　　　　　　　B. 事后分析

C. 事中控制　　　　　　　　D. 事后核算

6. 以下不属于会计核算的经济业务事项有(　　)。

A. 签订合同　　　　　　　　B. 出售产品

C. 生产领料　　　　　　　　D. 企业派工单

7. 记账凭证可以根据(　　)填制。

A. 每一张原始凭证填制　　　　　　B. 若干张原始凭证汇总填制

C. 若干张同类原始凭证汇总填制　　D. 原始凭证汇总表填制

8. 财务会计报表的内容包括(　　)。

A. 资产负债表　　　　　　　B. 利润表

C. 现金流量表　　　　　　　D. 各种附表

9. 代理记账的业务范围包括(　　)。

A. 审核、填制原始凭证　　　　　　B. 填制记账凭证

C. 登记账簿并编制会计报告　　　　D. 提供税务资料

10. 中专以上会计类专业学历的,自毕业之日起2年内,可免试(　　)。

A. 会计基础　　　　　　　　B. 会计实务

C. 初级会计电算化(或珠算五级)　　D. 财经法规与会计职业道德

11. 下列哪些事项,存款人应向开户银行申请撤销银行结算账户?(　　)

A. 存款人变更名称但不变更银行账户名称的

B. 存款人因迁址需要变更开户银行的

C. 存款人因迁址但不变更开户银行的

D. 存款人被吊销营业执照或不再存续的

12. 下列属于普通发票的有(　　)。

A. 增值税专用发票　　B. 商业零售统一发票

C. 商品房销售发票　　D. 邮票

13. 签发的支票必须记载的事项有(　　)。

A. 出票日期　　B. 确定的金额

C. 付款人的名称　　D. 出票人的签章

14. 税务登记的种类包括(　　)等。

A. 开业登记　　B. 变更登记

C. 复业登记　　D. 外出经营报验登记

15. 纳税人进行纳税申报可以采用(　　)等方式。

A. 直接申报　　B. 邮寄申报

C. 数据电文申报　　D. 口头申报

16. 会计职业道德的内容中有“坚持准则”一项,这里的“准则”包括(　　)。

A. 会计法律　　B. 会计法规

C. 会计制度　　D. 会计准则

17. 会计职业道德教育的途径包括(　　)。

A. 会计学历教育　　B. 会计人员继续教育

C. 会计人员自我教育　　D. 会计专业技术资格考试

18. 下列违反会计职业道德的行为中,应承担法律责任的是(　　)。

A. 贪污受贿　　B. 伪造账目

C. 人为调节利润　　D. 冒领发票

19. 会计职业技能的主要内容包括(　　)。

A. 会计专业基础知识　　B. 提供会计信息能力

C. 组织协调能力　　D. 专业操作的创新能力,主动更新知识的能力

20. 建立会计职业道德奖惩机制的目的是(　　)。

A. 督促会计人员遵守职业道德　　B. 培养会计人员良好的道德情感

C. 引导会计人员健康的道德行为　　D. 防范会计人员不良的道德行为

三、判断题(判断下列观点的正误,对的在括号中打“√”,错的打“×”)

1. 会计规章是根据《会计法》规定的程序,由财政部制定并以财政部长签署命令的形式公布的制度办法。(　　)

2. 会计资料的真实性和完整性,是会计资料最基本的质量要求,是会计工作的生命。(　　)

3. 生成和提供虚假的会计资料是一种严重的违法行为。(　　)

4. 企业支付款项的原始凭证,必须有收款单位或收款人的收款证明。(　　)

5. 代理记账机构为委托人编制的财务会计报告,只需经委托人签名并盖章后,就可以对外提供。(　　)

6. 通过设置与登记会计账簿,可以衡量会计工作秩序的好坏。(　　)

7. 根据规定,会计人员继续教育的对象为所有持有会计从业资格证书的人员。(　　)

8. 会计工作岗位可以一人一岗、一人多岗或者一岗多人。(　　)

9. 会计人员因病不能工作的,可以不与接管人员办理工作交接手续。(　　)

10. 会计工作的社会监督,主要是指由注册会计师及其所在的会计师事务所依法对受托单位的经济活动进行审计、鉴证的一种监督制度。(　　)

11. 银行汇票的提示付款期限为自出票日起1个月。(　　)

12. 不论单位还是个人,签发支票的金额都不能超过银行存款的余额。(　　)

13. 未办理工商营业登记的,从事生产、经营的纳税人可以暂不办理税务登记。(　　)

14. 所有一般纳税人均可领购使用增值税专用发票。(　　)

15. 对于设置了账簿的企业,税务机关就应当采用查账征收的方式征收税款。(　　)

16. 为了简化手续,纳税人享受减税、免税待遇的,在减税、免税期间可以不办理纳税申报。(　　)

17. 会计职业道德具有一定的强制性。(　　)

18. 会计人员依法履行会计职责时,如果发生道德冲突,应对单位负责人负责。(　　)

19. 坚持客观公正原则的基础是会计人员的态度、专业知识和专业技能。(　　)

20. 财政部门可以通过将会计从业资格证书注册登记管理与会计职业道德检查相结合的途径来实现对会计职业道德的监督检查。(　　)

四、案例分析

1. 惠丰公司外购了一批原材料,供货方上门催要金额为20万元的材料欠款。惠丰公司在银行存款账户余额仅剩2万元的情况下,为了尽快将供货方"打发走",就向供货方开出了一张20万元的转账支票。

请分析:

(1) 惠丰公司开出的这张转账支票属于什么性质的支票?

(2) 银行是否可以对惠丰公司进行罚款?罚款金额是多少?

(3) 供货方是否有权要求惠丰公司对其赔偿?赔偿金额是多少?

2. 资料:

(1) 会计人员看人办事"官大办得快,官小办得慢,无官拖着办"。

(2) 会计人员"站得住的顶不住,顶得住的站不住",领导怎么说就怎么做,只要领导高兴,原则可以变成"圆则"。

(3) 会计人员整天与钱物打交道,"常在河边走,哪有不湿鞋的"。只要坚持不犯罪这一底线就行了。

请分析:上述三种现象分别违背了哪种会计职业道德规范?为什么?

模拟试题标准答案

一、单项选择题

1. D	2. C	3. D	4. B	5. A
6. B	7. A	8. C	9. D	10. D
11. C	12. D	13. B	14. C	15. B
16. B	17. A	18. A	19. D	20. B

二、多项选择题

1. ABCD	2. ABC	3. ABCD	4. BCD	5. ACD
6. AD	7. ACD	8. ABCD	9. BCD	10. AC
11. BD	12. BC	13. ABCD	14. ABCD	15. ABC
16. ABCD	17. ABC	18. ABD	19. ABCD	20. ABCD

三、判断题

1. ×	2. √	3. √	4. ×	5. ×
6. √	7. √	8. √	9. ×	10. ×
11. √	12. ×	13. ×	14. ×	15. ×
16. ×	17. √	18. ×	19. √	20. √

四、案例分析

1. (1) 惠丰公司开出的这张转账支票属于空头支票。

(2) 银行可以对惠丰公司进行罚款,罚款是10 000元(5%)金额。

(3) 供货方有权要求惠丰公司赔偿,赔偿金额是4 000元(2%)。

2. (1) 违背了"强化服务"的会计职业道德规范。因为"强化服务"要求会计人员具有文明的服务态度、强烈的服务意识和优良的服务质量。强化会计职业服务的基本要求就是会计人员要有强烈的服务意识,服务要文明,质量要上乘。

(2) 违背了"坚持准则"的会计职业道德规范。因为"坚持准则"就是要求会计人员在处理会计事务中,严格按照法律制度办事,不为主观或他人的意志左右。

(3) 违背了"廉洁自律"的会计职业道德规范。因为廉洁是指不贪污钱财、不收受贿赂,保持清白。自律是指自律主体按照一定的标准,自己约束自己,自己控制自己的言行和思想的过程。廉洁自律的基本要求是:树立正确的人生观和价值观;公私分明,不贪不占;遵纪守法,尽职尽责。而会计人员整天与钱物打交道,放松自我约束就难免误入歧途。

主要参考文献

[1] 阎德玉.会计学原理[M].北京:中国财政经济出版社,2001.

[2] 杨蓉.会计学概论[M].上海:立信会计出版社,2005.

[3] 李敏.现代审计学[M].上海:上海财经大学出版社,2003.

[4] 乔世震.会计案例[M].北京:中国财政经济出版社,2002.

[5] 刘澄,樊彩霞,刘欣华.税收概论[M].北京:经济管理出版社,2004.

[6] 王晓红,神方立[M].国家税收.北京:经济科学出版社,2003.

[7] 杨抚生,李树林[M].税务管理教程.北京:中国财政经济出版社,2004.

[8] 国家税务总局教材编写组.税务稽查规程与管理[M].北京:中国税务出版社,2004.

[9] 王曙光,高艳荣,李兰.税法习题与解答[M].大连:东北财经大学出版社,2005.

[10] 项怀诚.会计职业道德[M].北京:人民出版社,2003.

[11] 孟凡利.会计职业道德[M].大连:东北财经大学出版社,2003.

[12] 侯文铿.话说会计三风[M].北京:中国财政经济出版社,2002.

[13] 湖北省会计学会.财经法规与会计职业道德[M].武汉:湖北人民出版社,2005.

[14] 王学宝.会计职业道德[M].北京:科学出版社,2005.

郑重声明